66 매일 성장하는 ?

ⓦ 완자

공부력

Q 왜 공부력을 키워야 할까요?

쓰기력

정확한 의사소통의 기본기이며 논리의 바탕

연필을 잡고 종이에 쓰는 것을 괴로워한다!
맞춤법을 몰라 정확한 쓰기를 못한다!
말은 잘하지만 조리 있게 쓰는 것이 어렵다!
그래서 글쓰기의 기본 규칙을 정확히 알고
써야 공부 능력이 향상됩니다.

어휘력

교과 내용 이해와 독해력의 기본 바탕

어휘를 몰라서 수학 문제를 못 푼다!
어휘를 몰라서 사회, 과학 내용 이해가 안 된다!
어휘를 몰라서 수업 내용을 따라가기 어렵다!
그래서 교과 내용 이해의 기본 바탕을
다지기 위해 어휘 학습을 해야 합니다.

독해력

모든 교과 실력 향상의 기본 바탕

글을 읽었지만 무슨 내용인지 모른다!
글을 읽고 이해하는 데 시간이 오래 걸린다!
읽어서 이해하는 공부 방식을 거부하려고 한다!
그래서 통합적 사고력의 바탕인 독해 공부로
교과 실력 향상의 기본기를 닦아야 합니다.

계산력

초등 수학의 핵심이자 기본 바탕

계산 과정의 실수가 잦다!
계산을 하긴 하는데 시간이 오래 걸린다!
계산은 하는데 계산 개념을 정확히 모른다!
그래서 계산 개념을 익히고 속도와 정확성을
높이기 위한 훈련을 통해 계산력을 키워야 합니다.

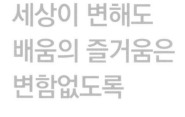

세상이 변해도
배움의 즐거움은
변함없도록

시대는 빠르게 변해도
배움의 즐거움은
변함없어야 하기에

어제의 비상은
남다른 교재부터
결이 다른 콘텐츠
전에 없던 교육 플랫폼까지

변함없는 혁신으로
교육 문화 환경의 새로운 전형을
실현해왔습니다.

비상은 오늘, 다시 한번
새로운 교육 문화 환경을 실현하기 위한
또 하나의 혁신을 시작합니다.

오늘의 내가 어제의 나를 초월하고
오늘의 교육이 어제의 교육을 초월하여
배움의 즐거움을 지속하는 혁신,

바로, 메타인지 기반 완전 학습을.

상상을 실현하는 교육 문화 기업 비상

메타인지 기반 완전 학습

초월을 뜻하는 meta와 생각을 뜻하는 인지가 결합한 메타인지는
자신이 알고 모르는 것을 스스로 구분하고 학습계획을 세우도록 하는
궁극의 학습 능력입니다. 비상의 메타인지 기반 완전 학습 시스템은
잠들어 있는 메타인지를 깨워 공부를 100% 내 것으로 만들도록 합니다.

완자

공부력

초등 국어
맞춤법 바로 쓰기 1A

초등 국어 맞춤법 바로 쓰기
단계별 구성

📖 1A와 1B에서는 소리와 글자가 다른 낱말을 익혀요!

1A	1B
1. 받침이 뒤로 넘어가서 소리 나는 말 ㄱ~ㅆ 받침이 있는 낱말	**1. 닮은 소리가 나는 말** [ㄴ], [ㄹ], [ㅁ], [ㅇ]으로 소리 나는 낱말
2. 받침이 한 소리로 나는 말 [ㄱ], [ㄷ], [ㅂ]으로 소리 나는 받침이 있는 낱말	**2. 글자와 다르게 소리 나는 말** 거센소리가 나는 낱말, 뒷말이 [ㅈ], [ㅊ]으로 소리 나는 낱말, [ㄴ]이나 [ㄹ] 소리가 덧나는 낱말, 사이시옷이 있는 낱말
3. 된소리가 나는 말 된소리 [ㄲ], [ㄸ], [ㅃ], [ㅆ], [ㅉ]으로 소리 나는 낱말	**3. 자주 틀리는 겹받침이 쓰인 말** ㄳ, ㄵ, ㅄ, ㄼ, ㄺ, ㄶ, ㅀ 등 겹받침이 있는 낱말
4. 어려운 모음자가 쓰인 말 ㅐ, ㅔ, ㅒ, ㅖ, ㅘ, ㅝ가 들어간 낱말	**4. 어려운 모음자가 쓰인 말** ㅢ, ㅚ, ㅟ, ㅙ, ㅞ가 들어간 낱말

초등 기초 맞춤법 원리와 헷갈리는 낱말을 배우고,
문장 쓰기와 받아쓰기를 하며 쓰기 실력을 키워요!

2A와 2B에서는 헷갈리는 낱말과 자주 잘못 쓰는 낱말을 익혀요!

2A	2B
1. 소리는 같아도 뜻이 다른 말 '같다 ｜ 갖다'부터 '바치다 ｜ 받히다'까지 같은 소리가 나지만 뜻이 다른 20개 낱말	**1. 소리는 같아도 뜻이 다른 말** '반드시 ｜ 반듯이'부터 '짓다 ｜ 짖다'까지 같은 소리가 나지만 뜻이 다른 20개 낱말
2. 모양이 비슷해서 헷갈리는 말 '긋다 ｜ 굵다'부터 '부시다 ｜ 부수다'까지 글자의 모양이 비슷한 20개 낱말	**2. 모양이 비슷해서 헷갈리는 말** '세다 ｜ 새다'부터 '되-돼 ｜ 뵈-봬'까지 글자의 모양이 비슷한 22개 낱말
3. 뜻을 구별해서 써야 하는 말 '가르치다 ｜ 가리키다'부터 '-장이 ｜ -쟁이'까지 뜻을 구별하기 어려운 12개 낱말	**3. 뜻을 구별해서 써야 하는 말** '여위다 ｜ 여의다'부터 '이따가 ｜ 있다가'까지 뜻을 구별하기 어려운 12개 낱말
4. 잘못 쓰기 쉬운 말 '설거지, 며칠'부터 '기다란, 나는'까지 맞춤법을 모르면 틀리기 쉬운 12개 낱말	**4. 잘못 쓰기 쉬운 말** '담가, 잠가'부터 '안, 않-'까지 맞춤법을 모르면 틀리기 쉬운 12개 낱말

특징과 활용법

✳ 그림과 낱말을
보며 맞춤법 원리를
배우고, 확인 문제를
풀며 익혀요.

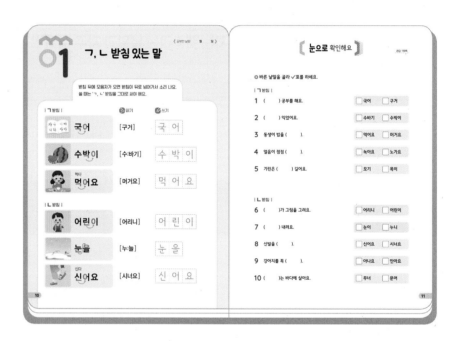

✳ 배운 맞춤법
원리대로 문장을
직접 써 보며 쓰기
실력을 키워요.

✅ 책으로 하루 4쪽 공부하며, 초등 쓰기력을 키워요!

✅ 모바일앱으로 공부한 내용을 복습하고 몬스터를 잡아요!

공부한 내용 확인하기

✳ 단원 평가 문제, 받아쓰기 문제,
   실력 확인 문제를 풀며 공부한 내용과
   자기의 실력을 확인해요. 💡

모바일앱으로 복습하기

앱 다운받기

책 인증하기

✳ 그날 배운 내용을 바로바로,
   또는 주말에 모아서 복습하고,
   다이아몬드 획득까지! 💎
   공부가 저절로 즐거워져요!

차례

일차	내용	쪽수	공부 확인
1 받침이 뒤로 넘어가서 소리 나요			
01	ㄱ, ㄴ 받침 있는 말	10	○
02	ㄷ, ㄹ 받침 있는 말	14	○
03	ㅁ, ㅂ 받침 있는 말	18	○
04	ㅅ, ㅈ, ㅊ 받침 있는 말	22	○
05	ㅋ, ㅌ, ㅍ 받침 있는 말	26	○
06	ㄲ, ㅆ 받침 있는 말	30	○
07	1단원 평가	34	○
2 받침이 한 소리로 나요			
08	받침이 [ㄱ] 소리 나는 말	40	○
09	받침이 [ㄷ] 소리 나는 말	44	○
10	받침이 [ㅂ] 소리 나는 말	48	○
11	2단원 평가	52	○
3 된소리가 나요			
12	된소리 나는 말 ①	58	○
13	된소리 나는 말 ②	62	○
14	된소리 나는 말 ③	66	○
15	된소리 나는 말 ④	70	○
16	3단원 평가	74	○
4 모음자가 어려워요			
17	ㅐ, ㅔ가 들어간 말	80	○
18	ㅒ, ㅖ가 들어간 말	84	○
19	ㅘ, ㅝ가 들어간 말	88	○
20	4단원 평가	92	○
	실력 확인 1회, 2회	96	○
	정답	104	○

우리도 하루 4쪽 공부 습관!
스스로 공부하는 힘을
키워 볼까요?

큰 습관이
지금은 그 친구를 이끌고 있어요.
매일매일의 좋은 습관은 우리를 좋은
곳으로 이끌어 줄 거예요.

한 친구가
작은 습관을 만들었어요.

매일매일의 시간이 흘러
작은 습관은 큰 습관이 되었어요.

1 받침이 뒤로 넘어가서 소리 나요

1 ㄱ, ㄴ 받침 있는 말

2 ㄷ, ㄹ 받침 있는 말

3 ㅁ, ㅂ 받침 있는 말

4 ㅅ, ㅈ, ㅊ 받침 있는 말

5 ㅋ, ㅌ, ㅍ 받침 있는 말

6 ㄲ, ㅆ 받침 있는 말

7 1단원 평가

01 ㄱ, ㄴ 받침 있는 말

받침 뒤에 모음자가 오면 받침이 뒤로 넘어가서 소리 나요.
쓸 때는 'ㄱ, ㄴ' 받침을 그대로 써야 해요.

ㄱ 받침	읽기	쓰기
 국어	[구거]	국 어
 수박이	[수:바기]	수 박 이
 먹다 먹어요	[머거요]	먹 어 요

ㄴ 받침		
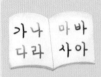 어린이	[어리니]	어 린 이
 눈을	[누:늘]	눈 을
 신다 신어요	[시너요]	신 어 요

눈으로 확인해요

○ 바른 낱말을 골라 ✓표를 하세요.

| ㄱ받침 |

1 (　　　) 공부를 해요.

☐ 국어　☐ 구거

2 (　　　) 익었어요.

☐ 수바기　☐ 수박이

3 동생이 밥을 (　　　).

☐ 먹어요　☐ 머거요

4 얼음이 점점 (　　　).

☐ 녹아요　☐ 노가요

5 기린은 (　　　) 길어요.

☐ 모기　☐ 목이

| ㄴ받침 |

6 (　　　)가 그림을 그려요.

☐ 어리니　☐ 어린이

7 (　　　) 내려요.

☐ 눈이　☐ 누니

8 신발을 (　　　).

☐ 신어요　☐ 시너요

9 강아지를 꼭 (　　　).

☐ 아나요　☐ 안아요

10 (　　　)는 바다에 살아요.

☐ 무너　☐ 문어

【 따라 쓰며 익혀요 】

○ 바른 낱말을 골라 따라 쓰세요.

1 수바글 | **수박을** 맛있게 먹어요.

						∨	맛	있	게	∨	먹
어	요	.									

2 밥을 먹으니 | 머그니 배불러요.

밥	을	∨				∨	배	불
러	요	.						

3 어린이는 | 어리니는 어른과 함께 오세요.

						∨	어	른	과	∨
함	께	∨	오	세	요	.				

4 엄마가 아기를 안아요. | 아나요.

엄	마	가	∨	아	기	를	∨

【 문장을 완성해요 】

정답 110쪽

○ 그림을 보고, 바른 낱말을 골라 문장을 완성하세요.

1

국어를　구거를　　공부해요.　　선생님과

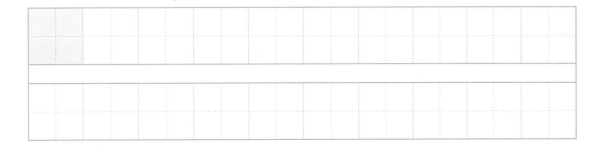

2

신어요.　시너요.　　구두를　　아빠가

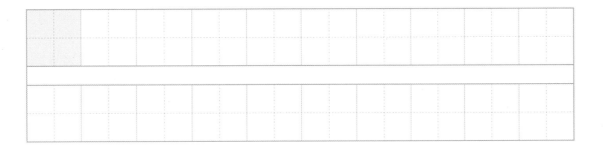

02

ㄷ, ㄹ 받침 있는 말

받침 뒤에 모음자가 오면 받침이 뒤로 넘어가서 소리 나요.
쓸 때는 'ㄷ, ㄹ' 받침을 그대로 써야 해요.

| ㄷ 받침 | 읽기 | 쓰기 |

 믿음 　[미듬]　 | 믿 | 음 |

 맏아들 　[마다들]　 | 맏 | 아 | 들 |

 ^{받다} 받아요 　[바다요]　 | 받 | 아 | 요 |

| ㄹ 받침 |

 얼음 　[어름]　 | 얼 | 음 |

 얼굴이 　[얼구리]　 | 얼 | 굴 | 이 |

 ^{흔들다} 흔들어 　[흔드러]　 | 흔 | 들 | 어 |

〔 눈으로 확인해요 〕

◎ 바른 낱말을 골라 ✔표를 하세요.

ㅣㄷ 받침ㅣ

1 친구 사이에는 ( )이 필요해.

☐ 믿음 ☐ 미듬

2 형은 ( )이다.

☐ 맏아들 ☐ 마다들

3 용돈을 ( ) 저금을 했어요.

☐ 바다서 ☐ 받아서

4 봄에는 새싹이 ( ).

☐ 돋아요 ☐ 도다요

5 현관문을 세게 ( ).

☐ 닫아요 ☐ 다다요

ㅣㄹ 받침ㅣ

6 ( ) 얼어요.

☐ 어르미 ☐ 얼음이

7 ( ) 깨끗이 씻어요.

☐ 얼구를 ☐ 얼굴을

8 손을 ( ) 인사해요.

☐ 흔들어 ☐ 흔드러

9 동생이 방에 ( ).

☐ 드러가요 ☐ 들어가요

10 ( )께서 산에 가신다.

☐ 할아버지 ☐ 하라버지

따라 쓰며 익혀요

○ 바른 낱말을 골라 따라 쓰세요.

1 내 친구는 맏아들 | 마다들이다.

	내	∨	친	구	는	∨			

이	다	.							

2 바람이 세니 창문을 닫으세요. | 다드세요.

	바	람	이	∨	세	니	∨	창	문

을	∨								

3 엄마는 얼굴이 | 얼구리 동그래요.

	엄	마	는	∨				∨	동

그	래	요	.						

4 강아지가 꼬리를 흔들어요. | 흔드러요.

	강	아	지	가	∨	꼬	리	를	∨

문장을 완성해요

정답 111쪽

○ 그림을 보고, 바른 낱말을 골라 문장을 완성하세요.

1

받아서　바다서　　선물을　　기뻐요.

2

할아버지께　하라버지께　　해요.　　절을

03 ㅁ, ㅂ 받침 있는 말

받침 뒤에 모음자가 오면 받침이 뒤로 넘어가서 소리 나요.
쓸 때는 'ㅁ, ㅂ' 받침을 그대로 써야 해요.

ㅁ 받침	🔊 읽기	✏️ 쓰기

 음**악**

[으막]

음 | 악

 봄**을**

[보믈]

봄 | 을

숨다
 숨**어**요

[수머요]

숨 | 어 | 요

ㅂ 받침		

 입**원**

[이붠]

입 | 원

 손톱**을**

[손토블]

손 | 톱 | 을

잡다
 잡**아**요

[자바요]

잡 | 아 | 요

18

눈으로 확인해요

● 바른 낱말을 골라 ✔표를 하세요.

| ㅁ 받침 |

1 (　　　) 소리가 들려요.

☐ 음악　　☐ 으막

2 (　　　) 새싹이 나요.

☐ 보메　　☐ 봄에

3 벽 뒤에 (　　　) 지켜보다.

☐ 수머서　　☐ 숨어서

4 개미는 (　　　)가 있다.

☐ 더드미　　☐ 더듬이

5 나는 (　　　) 잘 그려요.

☐ 그림을　　☐ 그리믈

| ㅂ 받침 |

6 병원에 (　　　)했어요.

☐ 입원　　☐ 이붠

7 (　　　) 잘라요.

☐ 손톱을　　☐ 손토블

8 나비를 (　　　) 뛰어가요.

☐ 자브려고　　☐ 잡으려고

9 껌을 (　　　).

☐ 씨버요　　☐ 씹어요

10 겉옷을 (　　　) 더워요.

☐ 입으니　　☐ 이브니

〔 따라 쓰며 익혀요 〕

⊙ 바른 낱말을 골라 따라 쓰세요.

1 따뜻한 봄이 | 보미 왔어요.

	따	뜻	한	∨			∨	왔	어
요	.								

2 나무 뒤에 숨었어요. | 수머써요.

	나	무	∨	뒤	에	∨			

3 버스에서 손잡이를 자바요. | 잡아요.

	버	스	에	서	∨	손	잡	이	를

4 오늘은 무엇을 입을까? | 이블까?

	오	늘	은	∨	무	엇	을	∨	

문장을 완성해요

정답 112쪽

○ 그림을 보고, 바른 낱말을 골라 문장을 완성하세요.

1

음악이　으마기　흘러요.　즐거운

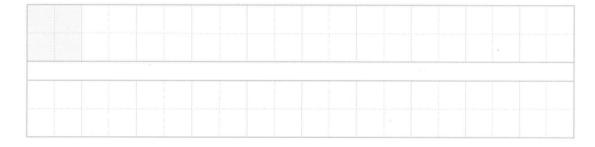

2

씹어　씨버　먹어요.　음식을

04 ㅅ, ㅈ, ㅊ 받침 있는 말

받침 뒤에 모음자가 오면 받침이 뒤로 넘어가서 소리 나요.
쓸 때는 'ㅅ, ㅈ, ㅊ' 받침을 그대로 써야 해요.

| ㅅ 받침 | 🗣️ 읽기 | ✏️ 쓰기 |

 **웃음**   [우슴]   웃 음

 옷이   [오시]   옷 이

| ㅈ 받침 |

 **책꽂이**   [책꼬지]   책 꽂 이

 **낮이**   [나지]   낮 이

| ㅊ 받침 |

 **꽃이**   [꼬치]   꽃 이

 쫓다
쫓아요   [쪼차요]   쫓 아 요

눈으로 확인해요

● 바른 낱말을 골라 ✓표를 하세요.

| ㅅ 받침 |

1 계속 (　　　)이 나요.
☐ 웃음　　☐ 우슴

2 새 (　　　) 샀어요.
☐ 옷을　　☐ 오슬

3 손을 깨끗이 (　　　).
☐ 씨서요　　☐ 씻어요

| ㅈ 받침 |

4 책은 (　　　)에 정리해요.
☐ 책꽂이　　☐ 책꼬지

5 내일 (　　　) 만나요.
☐ 나제　　☐ 낮에

6 연필을 (　　　).
☐ 차자요　　☐ 찾아요

| ㅊ 받침 |

7 (　　　) 피었어요.
☐ 꼬치　　☐ 꽃이

8 경찰이 도둑을 (　　　).
☐ 쫓아요　　☐ 쪼차요

9 (　　　) 환해요.
☐ 빛이　　☐ 비치

【 따라 쓰며 익혀요 】

○ 바른 낱말을 골라 따라 쓰세요.

1 친구와 웃으며 | 우스며 화해해요.

	친	구	와	∨				∨	화
해	해	요	.						

2 제 지갑을 찾아 | 차자 주세요.

	제	∨	지	갑	을	∨			∨
주	세	요	.						

3 화단에서 꽃을 | 꼬츨 키워요.

	화	단	에	서	∨			∨	키
워	요	.							

4 창문으로 빛이 | 비치 들어와요.

	창	문	으	로	∨			∨	들
어	와	요	.						

문장을 완성해요

○ 그림을 보고, 바른 낱말을 골라 문장을 완성하세요.

1

| 씻어요. | 씨서요. | 깨끗이 | 몸을 |

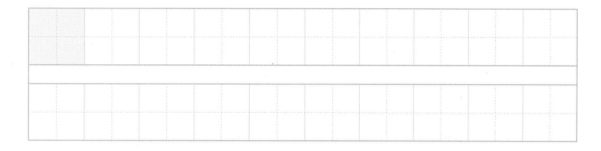

2

| 쫓아요. | 쪼차요. | 쥐를 | 고양이가 |

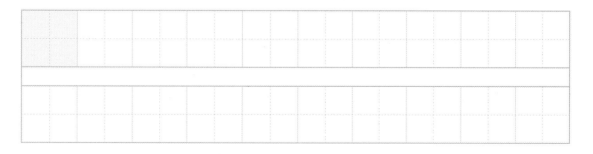

05 ㅋ, ㅌ, ㅍ 받침 있는 말

받침 뒤에 모음자가 오면 받침이 뒤로 넘어가서 소리 나요.
쓸 때는 'ㅋ, ㅌ, ㅍ' 받침을 그대로 써야 해요.

| ㅋ 받침 |　　　　　🔊 읽기　　　　✏️ 쓰기

 부엌에　　[부어케]　　부 엌 에

 들녘이　　[들ː려키]　　들 녘 이

| ㅌ 받침 |

 밑으로　　[미트로]　　밑 으 로

 같다
 =　같아요　　[가타요]　　같 아 요

| ㅍ 받침 |

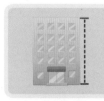 높이　　[노피]　　높 이

 옆에　　[여페]　　옆 에

26

○ 바른 낱말을 골라 ✔표를 하세요.

| ㅋ 받침 |

1 (   ) 깨끗해요.

☐ 부엌이   ☐ 부어키

2 (   ) 바라본다.

☐ 들려클   ☐ 들녘을

3 (   ) 잠이 들었다.

☐ 새병녀케   ☐ 새벽녘에

| ㅌ 받침 |

4 다리 (   ) 강물이 흐릅니다.

☐ 밑에   ☐ 미테

5 두 문제의 답이 (   ).

☐ 같아요   ☐ 가타요

6 (   ) 고구마를 심어요.

☐ 바테   ☐ 밭에

| ㅍ 받침 |

7 책상의 (   )를 재요.

☐ 노피   ☐ 높이

8 동생 (   ) 서라.

☐ 옆에   ☐ 여페

9 강물이 (   ) 조심하세요.

☐ 기프니   ☐ 깊으니

〔 **따라 쓰며** 익혀요 〕

○ 바른 낱말을 골라 따라 쓰세요.

1 부엌에서 | 부어케서 빵 냄새가 나요.

							∨	빵	∨	냄	새
가	∨	나	요	.							

2 바위 밑에 | 미테 게가 살아요.

	바	위	∨				∨	게	가	∨
살	아	요	.							

3 모양이 같은 | 가튼 인형을 살래.

	모	양	이	∨			∨	인	형
을	∨	살	래	.					

4 옆으로 | 여프로 팔을 드세요.

						∨	팔	을	∨	드	세
요	.										

문장을 완성해요

정답 114쪽

○ 그림을 보고, 바른 낱말을 골라 문장을 완성하세요.

1

| 들녘에서 | 들려케서 | 익습니다. | 곡식이 |

2

| 깊어요. | 기퍼요. | 나무뿌리가 | 땅속에 |

06 ㄲ, ㅆ 받침 있는 말

받침 뒤에 모음자가 오면 받침이 뒤로 넘어가서 소리 나요.
쓸 때는 'ㄲ, ㅆ' 받침을 그대로 써야 해요.

ㄲ 받침	읽기	✏️쓰기

 볶음밥 [보끔밥]   볶 음 밥

 밖에 [바께]   밖 에

묶다
 묶어요 [무꺼요]   묶 어 요

ㅆ 받침

사다
 샀어요 [사써요]   샀 어 요

가다
 갔어요 [가써요]   갔 어 요

하다
 하겠어 [하게써]   하 겠 어

[눈으로 확인해요]

○ 바른 낱말을 골라 ✓표를 하세요.

| ㄲ 받침 |

1 ( )을 먹어요.
　　□ 볶음밥　　□ 보끔밥

2 ( ) 나가고 싶어요.
　　□ 밖으로　　□ 바끄로

3 머리를 ( ) 시원해요.
　　□ 무끄니　　□ 묶으니

4 ( )로 연필을 깎습니다.
　　□ 연필까끼　　□ 연필깎이

5 유리창을 깨끗이 ( ).
　　□ 닦아요　　□ 다까요

| ㅆ 받침 |

6 아이스크림을 ( ).
　　□ 사써요　　□ 샀어요

7 언니는 학교에 ( ).
　　□ 갔어요　　□ 가써요

8 숙제를 스스로 ( ).
　　□ 하게써　　□ 하겠어

9 부모님께 편지를 ( ).
　　□ 썼어요　　□ 써써요

10 책상 위에 지우개가 ( ).
　　□ 이써요　　□ 있어요

○ 바른 낱말을 골라 따라 쓰세요.

1 엄마랑 밖에 | 바께 나갔어요.

	엄	마	랑	∨			∨	나	갔
어	요	.							

2 손톱을 스스로 깎아요. | 까까요.

	손	톱	을	∨	스	스	로	∨	

3 친구들은 어디로 갔을까요? | 가쓸까요?

	친	구	들	은	∨	어	디	로	∨

4 냉장고에 음식이 있어요. | 이써요.

	냉	장	고	에	∨	음	식	이	∨

문장을 완성해요

◎ 그림을 보고, 바른 낱말을 골라 문장을 완성하세요.

1

묶어요. 무꺼요. 꽉 운동화 끈을

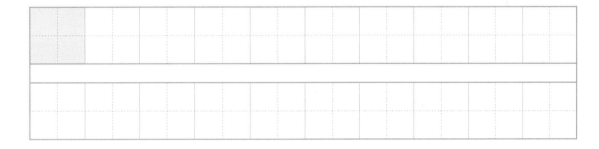

2

샀어요. 사써요. 약국에서 약을

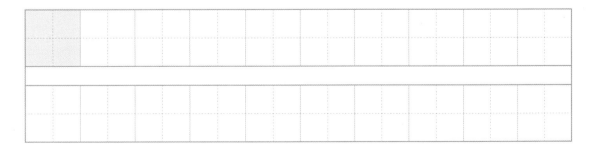

1단원 평가

◉ 바른 낱말을 골라 ✔표를 하세요.

1 ☐수바글 ☐수박을 먹기 좋게 잘랐어요.

2 ☐어리니 ☐어린이 가 보는 공연이에요.

3 ☐얼굴을 ☐얼구를 들고 하늘을 보세요.

4 들키지 않게 꼭꼭 ☐숨어요. ☐수머요.

5 잠잘 때는 잠옷을 ☐입어요. ☐이버요.

6 ☐오세 ☐옷에 물감이 묻었어요.

7 호랑이가 사슴을 ☐쫓아요. ☐쪼차요.

8 그 건물은 ☐높이 ☐노피 가 높습니다.

9 ☐밖이 ☐바끼 시끄러워서 잠이 깼다.

10 상자 안에 무엇이 ☐있어요? ☐이써요?

○ 밑줄 친 낱말을 바르게 고쳐 쓰세요.

11 빵을 <u>머그니</u> 배가 불러요.

12 새 구두를 <u>시너</u> 발이 아파요.

13 칭찬을 <u>바드니</u> 기분이 좋아요.

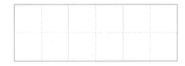

14 바람이 꽃을 <u>흔드러요</u>.

15 <u>나제는</u> 따뜻하고 밤에는 추워요.

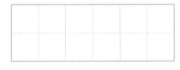

16 <u>들려케</u> 노을이 집니다.

17 이불 <u>미테</u> 인형이 있었다.

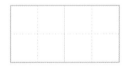

18 나랑 친구는 몸무게가 <u>가타요</u>.

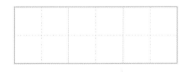

19 자전거가 내 <u>여플</u> 지나갔다.

20 요리사가 냄비에 채소를 <u>보까요</u>.

받아쓰기

아이에게 정답 116쪽 내용을 불러 주거나, QR코드를 찍어 내용을 들려주세요.

문제 듣기

○ 불러 주는 말을 잘 듣고 맞춤법에 맞게 받아쓰세요.

1

2

3

4

5

✔ 어려운 글자나 틀린 글자를 연습해요.

6

7

8

9

10

✔ 어려운 글자나 틀린 글자를 연습해요.

2 받침이 한 소리로 나요

8 받침이 [ㄱ] 소리 나는 말

9 받침이 [ㄷ] 소리 나는 말

10 받침이 [ㅂ] 소리 나는 말

11 2단원 평가

08 받침이 [ㄱ] 소리 나는 말

받침 'ㄱ, ㅋ, ㄲ'은 모두 [ㄱ]으로 소리 나요.
쓸 때는 원래 받침을 그대로 써야 해요.

읽기　쓰기

 가족　[가족]　가 족

 한복　[한복]　한 복

 동녘　[동녘]　동 녘

 부엌　[부억]　부 엌

 안팎　[안팍]　안 팎

 창밖　[창박]　창 밖

눈으로 확인해요

● 바른 낱말을 골라 ✓표를 하세요.

1 (　　　) 여행을 갔어요.

　☐ 가족　　☐ 가쪽

2 (　　) 치마가 예쁘다.

　☐ 한복　　☐ 한봒

3 (　　) 하늘이 환해요.

　☐ 동녁　　☐ 동녘

4 (　　) 바닥을 청소해요.

　☐ 부억　　☐ 부엌

5 집 (　　　)을 구석구석 닦아요.

　☐ 안팎　　☐ 안팍

6 (　　) 풍경이 아름답다.

　☐ 창박　　☐ 창밖

7 (　　) 동안 일기를 써요.

　☐ 방핛　　☐ 방학

8 '(　　　)'은 'ㅋ'의 이름이에요.

　☐ 키윽　　☐ 키읔

9 (　　) 곳곳에 꽃이 피었어요.

　☐ 들녁　　☐ 들녘

10 (　　) 바다를 바라보았습니다.

　☐ 남녁　　☐ 남녘

11 교실 (　　　) 복도에서 놀았어요.

　☐ 박　　☐ 밖

12 나뭇가지를 (　　　).

　☐ 꺾다　　☐ 꺽다

〔 **따라 쓰며** 익혀요 〕

○ 바른 낱말을 골라 따라 쓰세요.

1 부억 | 부엌 창문을 열까요?

				∨	창	문	을	∨	열	까
요	?									

2 컵의 안팎 | 안팍 모두 깨끗해요.

컵	의	∨			∨	모	두	∨
깨	끗	해	요	.				

3 장미꽃을 꺾지 | 꺽지 마세요.

장	미	꽃	을	∨			∨	마
세	요	.						

4 들녘 | 들녁 가운데에 나무가 있어요.

			∨	가	운	데	에	∨	나
무	가	∨	있	어	요	.			

문장을 완성해요

○ 그림을 보고, 바른 낱말을 골라 문장을 완성하세요.

1

[동녁] [동녘]　[바라보았다.]　[하늘을]

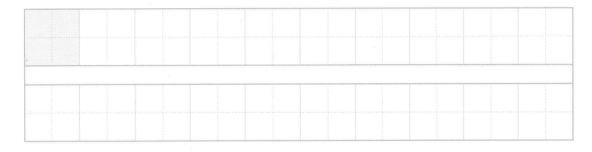

2

[창밖 아래로] [창박 아래로]　[보여요.]　[건물이]

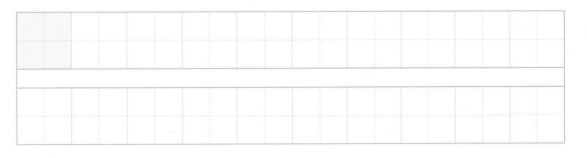

09 받침이 [ㄷ] 소리 나는 말

받침 'ㄷ, ㅅ, ㅈ, ㅊ, ㅌ'은 모두 [ㄷ]으로 소리 나요.
쓸 때는 원래 받침을 그대로 써야 해요.

	읽기	쓰기

 빗　　[빋]　　빗

 다섯　　[다섣]　　다 섯

 밤낮　　[밤낟]　　밤 낮

 윷　　[윧ː]　　윷

 팥　　[팓]　　팥

 풀밭　　[풀받]　　풀 밭

44

● 바른 낱말을 골라 ✔표를 하세요.

1 머리를 빗게 (　　　) 주세요.
☐ 빗　　☐ 빝

2 사탕이 (　　　) 개 있다.
☐ 다섣　　☐ 다섯

3 동생은 (　　　) 놀기만 해요.
☐ 밤날　　☐ 밤낮

4 (　　　) 나오면 한 번 더 던져.
☐ 윷　　☐ 윧

5 밭에 (　　　)과 콩을 심었어요.
☐ 팥　　☐ 팓

6 (　　　) 위를 뛰고 싶어요.
☐ 풀밭　　☐ 풀받

7 맛있는 (　　　) 사세요.
☐ 엿　　☐ 열

8 개구리가 (　　　) 속으로 폴짝!
☐ 연몯　　☐ 연못

9 새 안경을 (　　　).
☐ 맞추다　　☐ 맏추다

10 새끼에게 (　　　) 먹이는 고양이
☐ 젇　　☐ 젖

11 (　　　) 향기가 좋습니다.
☐ 장미꽃　　☐ 장미꼳

12 오솔길 (　　　)까지 걸었다.
☐ 끋　　☐ 끝

【 따라 쓰며 익혀요 】

○ 바른 낱말을 골라 따라 쓰세요.

1 내 동생은 다섣 | 다섯 살입니다.

	내	∨	동	생	은	∨			∨	
살	입	니	다	.						

2 베짱이는 밤낟 | 밤낮 노래만 불러요.

베	짱	이	는	∨			∨	노	
래	만	∨	불	러	요	.			

3 윷 | 윹 나오면 내가 이겨요.

	∨	나	오	면	∨	내	가	∨	
이	겨	요	.						

4 맛있는 단팥빵 | 단팓빵 사세요!

맛	있	는	∨				∨	사	
세	요	!							

〔 **문장을** 완성해요 〕

정답 118쪽

◎ 그림을 보고, 바른 낱말을 골라 문장을 완성하세요.

1

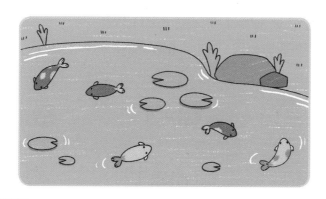

| 연못 속을 | 연묻 속을 | 헤엄쳐요. | 물고기가 |

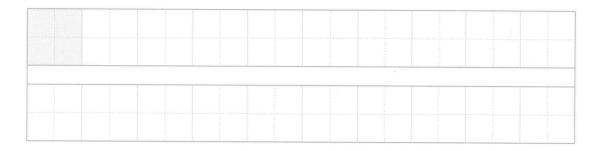

2

| 풀밭 위에 | 풀받 위에 | 누웠어요. | 함께 |

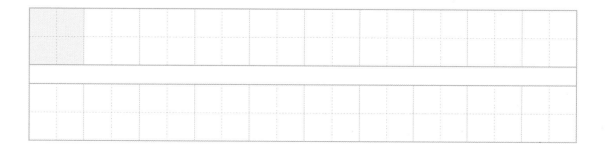

 10 받침이 [ㅂ] 소리 나는 말

받침 'ㅂ, ㅍ'은 모두 [ㅂ]으로 소리 나요.
쓸 때는 원래 받침을 그대로 써야 해요.

		읽기	쓰기
9	아홉	[아홉]	아 홉
	무릎	[무릅]	무 릎
	숲	[숩]	숲
	잎	[입]	잎
	짚	[집]	짚
	헝겊	[헝·겁]	헝 겊

눈으로 확인해요

◉ 바른 낱말을 골라 ✔표를 하세요.

1 (   ) 시에 배달이 왔어요.　　☐ 아홉　☐ 아홉

2 물이 (   ) 밑까지 찼어요.　　☐ 무릅　☐ 무릎

3 (   ) 사이로 호수가 보입니다.　☐ 숩　☐ 숲

4 (   ) 사이로 하얀 꽃이 보인다.　☐ 잎　☐ 입

5 (   ) 묶음을 만들어요.　　　☐ 짚　☐ 집

6 (   ) 조각을 잘라요.　　　☐ 헝겁　☐ 헝겊

7 (   ) 한 짝이 사라졌어요.　　☐ 장갑　☐ 장갑

8 (   ) 사람과 손을 잡아요.　　☐ 옆　☐ 엽

9 학교 (   ) 공원에서 만나.　　☐ 압　☐ 앞

10 '판다'에는 (   ) 글자가 들어가요.　☐ 피읖　☐ 피읍

11 (   ) 속에 악어가 살아요.　　☐ 늡　☐ 늪

12 바다가 (   ).　　　　　☐ 깊다　☐ 깁다

따라 쓰며 익혀요

○ 바른 낱말을 골라 따라 쓰세요.

1 무릎 | 무릅 위에 손을 놓으세요.

				∨	위	에	∨	손	을	∨
놓	으	세	요	.						

2 연두색 잎들이 | 입들이 돋아난다.

	연	두	색	∨				∨	돋
아	난	다	.						

3 헝겁 | 헝겊 인형을 가지고 놀아요.

				∨	인	형	을	∨	가	지
고	∨	놀	아	요	.					

4 집 앞 | 압 편의점에 갔어요.

	집	∨		∨	편	의	점	에	∨
갔	어	요	.						

문장을 완성해요

그림을 보고, 바른 낱말을 골라 문장을 완성하세요.

1

| 깊다. | 깁다. | 동굴이 | 굉장히 |

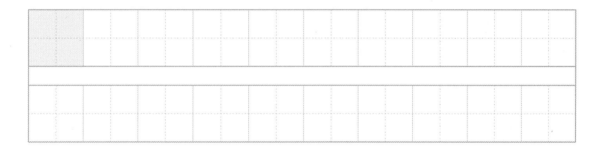

2

| 숲 옆에 | 숩 옆에 | 흐릅니다. | 강이 |

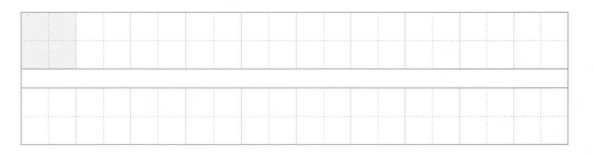

11 2단원 평가

◎ 바른 낱말을 골라 ✓표를 하세요.

1 ☐ 부억 ☐ 부엌 옆에 화장실이 있어요.

2 ☐ 창밖 ☐ 창박 나무가 바람에 흔들립니다.

3 ☐ 남녁 ☐ 남녘 하늘이 파랗다.

4 작은 ☐ 빗 ☐ 빋 하나만 주세요.

5 눈이 나빠서 안경을 ☐ 맞춰요. ☐ 맏춰요.

6 가지에 달린 ☐ 꼳 ☐ 꽃 크기가 작다.

7 ☐ 헝겊 ☐ 헝겁 색깔이 누렇게 변했어요.

8 ☐ 옆 ☐ 엽 사람과 이야기를 해요.

9 새 ☐ 장갚 ☐ 장갑 과 목도리를 샀습니다.

10 우물 안은 ☐ 깁고 ☐ 깊고 어두워요.

○ 밑줄 친 낱말을 바르게 고쳐 쓰세요.

11 새가 동녁 하늘로 날아갔습니다.

12 상자의 안팍 모두 깨끗한지 살펴봐요.

13 벌써 다섯 시가 지났네.

14 윹 나와라 했는데 도가 나왔어요.

15 단팥 든 빵을 좋아해요?

16 옅 두 개 주세요.

17 송아지는 어미 젇만 먹어요.

18 무릅 보호대를 했습니다.

19 늡 속에 발이 빠졌어요.

20 피읍 다음 글자는 히읗이다.

받아쓰기

아이에게 정답 120쪽 내용을 불러 주거나, QR코드를 찍어 내용을 들려주세요.

문제 듣기

○ 불러 주는 말을 잘 듣고 맞춤법에 맞게 받아쓰세요.

1

2

3

4

5

✔ 어려운 글자나 틀린 글자를 연습해요.

6

7

8

9

10

✅ 어려운 글자나 틀린 글자를 연습해요.

3 된소리가 나요

12 된소리 나는 말 ①

13 된소리 나는 말 ②

14 된소리 나는 말 ③

15 된소리 나는 말 ④

16 3단원 평가

12 된소리 나는 말 ①

'ㄱ, ㄷ, ㅂ' 받침 뒤에 오는 'ㄱ, ㄷ, ㅂ, ㅅ, ㅈ'은 [ㄲ, ㄸ, ㅃ, ㅆ, ㅉ]로 된소리가 나요. 쓸 때는 원래 글자 그대로 써야 해요.

		🔊 읽기	✏️ 쓰기
	학교	[학꾜]	학 교
	깍두기	[깍뚜기]	깍 두 기
	돋보기	[돋뽀기]	돋 보 기
	숟가락	[숟까락]	숟 가 락
	답장	[답짱]	답 장
	입술	[입쑬]	입 술

눈으로 확인해요

◎ 바른 낱말을 골라 ✓표를 하세요.

1 (   )에 갑니다.

☐ 학꾜   ☐ 학교

2 (   )가 맛있게 익었어요.

☐ 깍두기   ☐ 깍뚜기

3 (   )로 개미를 보았다.

☐ 돋보기   ☐ 돋뽀기

4 (   )으로 밥을 떠먹어요.

☐ 숟까락   ☐ 숟가락

5 친구에게 (   )을 썼어요.

☐ 답장   ☐ 답짱

6 밥풀이 (   )에 붙었어요.

☐ 입쑬   ☐ 입술

7 (   )가 날개를 활짝 펼쳐요.

☐ 독쑤리   ☐ 독수리

8 (   )로 비행기를 만들어요.

☐ 색종이   ☐ 색쫑이

9 가족 사진을 (   ).

☐ 찍따   ☐ 찍다

10 차에 짐을 (   ) 왔어요.

☐ 싣고   ☐ 싣꼬

11 (   )에 반찬을 담아요.

☐ 접씨   ☐ 접시

12 복도가 (   ) 어두워요.

☐ 좁고   ☐ 좁꼬

따라 쓰며 익혀요

○ 바른 낱말을 골라 따라 쓰세요.

1 형은 학교로 | 학꾜로 뛰어갔어요.

	형	은	∨				∨	뛰	어
갔	어	요	.						

2 돋뽀기 | 돋보기 안경을 쓰셨어요.

					∨	안	경	을	∨	쓰
셨	어	요	.							

3 친구가 답짱을 | 답장을 보냈어요.

	친	구	가	∨				∨	보
냈	어	요	.						

4 골목길이 길고 좁다. | 좁따.

	골	목	길	이	∨	길	고	∨

[문장을 완성해요]

◎ 그림을 보고, 바른 낱말을 골라 문장을 완성하세요.

1

숟가락을   숟까락을   놓았어요.   식탁에

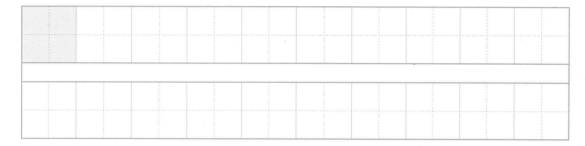

2

찍꼬   찍고   싶어요.   사진을

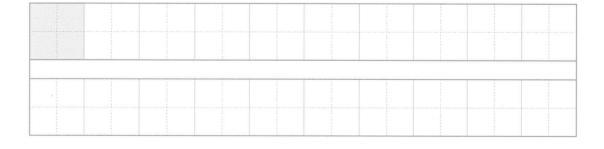

13 된소리 나는 말 ②

'ㄴ, ㄹ, ㅁ, ㅇ'받침 뒤에 오는 'ㄱ, ㄷ, ㅂ, ㅅ, ㅈ'은 [ㄲ, ㄸ, ㅃ, ㅆ, ㅉ]로 된소리가 나요. 쓸 때는 원래 글자 그대로 써야 해요.

		🔊 읽기	✏️ 쓰기

 **눈사람** [눈ː싸람]

눈 사 람

 **물감** [물깜]

물 감

 **발바닥** [발빠닥]

발 바 닥

 **글자** [글짜]

글 자

 **보름달** [보름딸]

보 름 달

 **용돈** [용ː똔]

용 돈

눈으로 확인해요

◉ 바른 낱말을 골라 ✓표를 하세요.

1 아이들이 ( )을 만듭니다.
☐ 눈사람 ☐ 눈싸람

2 물에 ( )을 풀어요.
☐ 물감 ☐ 물깜

3 ( )에 땀이 나요.
☐ 발빠닥 ☐ 발바닥

4 ( )를 바르게 쓰고 싶어.
☐ 글자 ☐ 글짜

5 둥근 ( )이 떴습니다.
☐ 보름달 ☐ 보름딸

6 ( )을 다 썼어요.
☐ 용돈 ☐ 용똔

7 ( )에 낙엽이 쌓였어요.
☐ 산길 ☐ 산낄

8 친구의 ( )가 반짝여요.
☐ 눈똥자 ☐ 눈동자

9 나는 ( )을 무서워해요.
☐ 밤길 ☐ 밤낄

10 피부가 ( ) 탔어요.
☐ 검게 ☐ 검께

11 ( )이 바람에 흔들린다.
☐ 등뿔 ☐ 등불

12 ( )을 받아서 기뻐요.
☐ 상짱 ☐ 상장

○ 바른 낱말을 골라 따라 쓰세요.

1 글자를 | 글짜를 또박또박 써요.

					∨	또	박	또	박	∨
써	요	.								

2 보름달을 | 보름딸을 보며 소원을 빌어요.

						∨	보	며	∨	소
원	을	∨	빌	어	요	.				

3 삼촌께서 용똔을 | 용돈을 주셨어요.

삼	촌	께	서	∨					∨
주	셨	어	요	.					

4 까만 눈동자가 | 눈똥자가 빛납니다.

	까	만	∨					∨	빛
납	니	다	.						

문장을 완성해요

○ 그림을 보고, 바른 낱말을 골라 문장을 완성하세요.

1

눈사람이　눈싸람이　녹았어요.　햇볕에

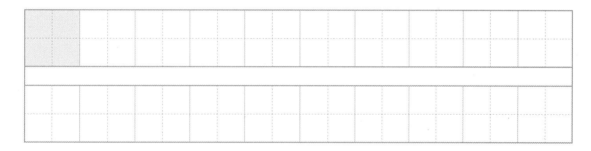

2

검다.　검따.　온몸이　까마귀는

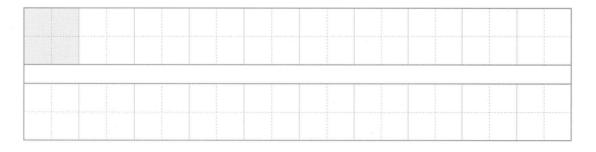

14 된소리 나는 말 ③

'ㅋ, ㄲ, ㅍ' 받침 뒤에 오는 'ㄱ, ㄷ, ㅂ, ㅅ, ㅈ'은 [ㄲ, ㄸ, ㅃ, ㅆ, ㅉ]로 된소리가 나요. 쓸 때는 원래 글자 그대로 써야 해요.

🔊 읽기 　　　　 ✏️ 쓰기

 키읔과 　　[키윽꽈] 　　 | 키 | 읔 | 과 |

 낚시 　　[낙씨] 　　 | 낚 | 시 |

꺾다
 꺾고 　　[꺾꼬] 　　 | 꺾 | 고 |

 숲속 　　[숩쏙] 　　 | 숲 | 속 |

 짚신 　　[집씬] 　　 | 짚 | 신 |

 잎사귀 　　[입싸귀] 　　 | 잎 | 사 | 귀 |

○ 바른 낱말을 골라 ✔표를 하세요.

1 (   ) 기역은 모양이 비슷해요.

☐ 키읔꽈 ☐ 키읔과

2 주말에는 (   )를 해요.

☐ 낚시 ☐ 낙씨

3 나뭇가지를 (   ) 있어요.

☐ 꺽꼬 ☐ 꺾고

4 (   )에서 새들이 지저귑니다.

☐ 숩쏙 ☐ 숲속

5 (   )은 볏짚으로 만들어요.

☐ 집씬 ☐ 짚신

6 커다란 (   )가 땅에 떨어진다.

☐ 입싸귀 ☐ 잎사귀

7 산도 (   ) 푸르다.

☐ 들녘도 ☐ 들력또

8 재료들을 모두 (   ) 있어요.

☐ 섞고 ☐ 섞꼬

9 책상을 깨끗이 (   ).

☐ 닦자 ☐ 닥짜

10 나는 (   ) 다쳤어요.

☐ 무릎도 ☐ 무릅또

11 동생이 물을 (   ) 말았어요.

☐ 엎고 ☐ 업꼬

12 (   )에 책을 끼고 걸었다.

☐ 엽꾸리 ☐ 옆구리

〔 따라 쓰며 익혀요 〕

○ 바른 낱말을 골라 따라 쓰세요.

1 옛날 사람들은 짚신을 | 집씬을 신었다.

	옛	날	∨	사	람	들	은	∨	
			∨	신	었	다	.		

2 바람에 입싸귀가 | 잎사귀가 흔들려요.

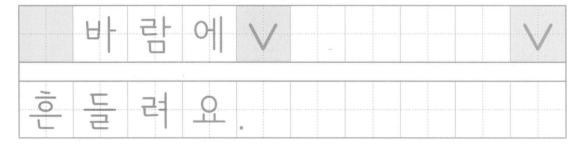

	바	람	에	∨					∨
흔	들	려	요	.					

3 땀을 닦지 | 닥찌 않았어요.

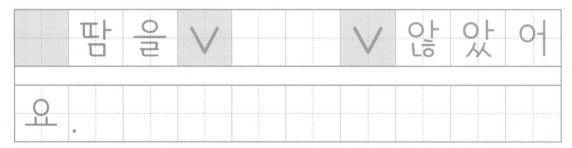

	땀	을	∨			∨	않	았	어
요	.								

4 들력꽈 | 들녘과 숲이 아름다워요.

					∨	숲	이	∨	아	름
다	워	요	.							

문장을 완성해요

○ 그림을 보고, 바른 낱말을 골라 문장을 완성하세요.

1

| 섞다. | 석따. | 물을 | 밀가루에 |

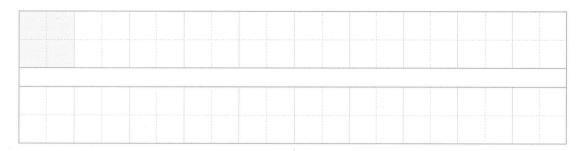

2

| 숲속에 | 숲쏙에 | 살고 있어요. | 동물들이 |

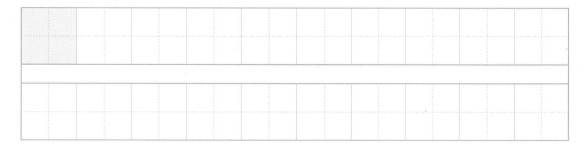

15 된소리 나는 말 ④

'ㅅ, ㅆ, ㅈ, ㅊ, ㅌ' 받침 뒤에 오는 'ㄱ, ㄷ, ㅂ, ㅅ, ㅈ'은 [ㄲ, ㄸ, ㅃ, ㅆ, ㅉ]로 된소리가 나요. 쓸 때는 원래 글자 그대로 써야 해요.

	읽기	쓰기
 숫자	[수:짜] [숟:짜]	숫 자
 옷장	[옫짱]	옷 장
맛있다 맛있게	[마딛께] [마싣께]	맛 있 게
 낮잠	[낟짬]	낮 잠
 돛단배	[돋딴배]	돛 단 배
 밑줄	[믿쭐]	밑 줄

70

눈으로 확인해요

◎ 바른 낱말을 골라 ✓표를 하세요.

1 다음 (　　　)를 모두 더하시오.　　　☐ 수짜　　☐ 숫자

2 옷을 (　　　) 안에 넣어요.　　　☐ 옫짱　　☐ 옷장

3 사과가 (　　　) 생겼어요.　　　☐ 마딛께　　☐ 맛있게

4 아기가 (　　　)을 쌔근쌔근 자요.　　☐ 낮잠　　☐ 낟짬

5 바다에 (　　　)가 떠 있어요.　　　☐ 돛단배　　☐ 돋딴배

6 필요한 부분에 (　　　)을 그어요.　　☐ 밑줄　　☐ 믿쭐

7 따사로운 (　　　)이 좋아요.　　　☐ 햇볕　　☐ 해뼏

8 (　　　)를 깔고 도시락을 먹어요.　　☐ 돗자리　　☐ 돋짜리

9 맛있는 과자를 (　　　).　　　☐ 샀다　　☐ 삳따

10 들판에서 (　　　)들이 풀을 뜯어요.　☐ 젇쏘　　☐ 젖소

11 새로 이사한 집이 (　　　).　　　☐ 낟썰다　　☐ 낯설다

12 버스에서는 손잡이를 꼭 (　　　).　☐ 붙잡아요　　☐ 붇짭아요

【 따라 쓰며 익혀요 】

○ 바른 낱말을 골라 따라 쓰세요.

1 일부터 십까지 수짜를 | 숫자를 세요.

	일	부	터	∨	십	까	지	∨			
		∨	세	요	.						

2 점심을 먹고 낯짬에 | 낮잠에 빠졌어요.

	점	심	을	∨	먹	고	∨				
		∨	빠	졌	어	요	.				

3 믿쭐을 | 밑줄을 치면서 책을 읽는다.

					∨	치	면	서	∨	책
을	∨	읽	는	다	.						

4 낯선 | 낯썬 동네에 도착했습니다.

					∨	동	네	에	∨	도	착
했	습	니	다	.							

〔 문장을 완성해요 〕

◎ 그림을 보고, 바른 낱말을 골라 문장을 완성하세요.

1

| 옷장에 | 옫짱에 | 넣었어요. | 겉옷을 |

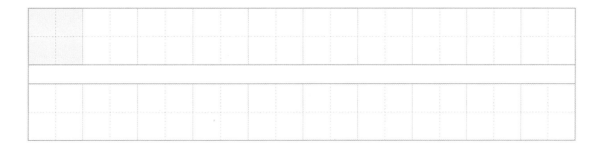

2

| 마싣께 | 맛있게 | 먹었습니다. | 떡볶이를 |

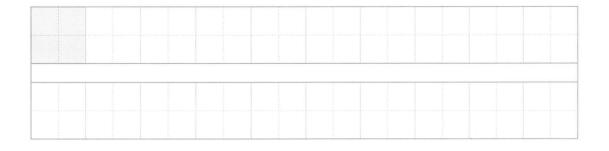

16 3단원 평가

○ 바른 낱말을 골라 ✓표를 하세요.

1 ☐ 깍뚜기 ☐ 깍두기 가 맛있게 익었습니다.

2 나는 친구의 ☐ 답장 ☐ 답짱 을 기다리고 있어요.

3 ☐ 색쫑이 ☐ 색종이 를 도화지에 붙였어요.

4 누나와 함께 ☐ 눈싸람 ☐ 눈사람 을 만들었어요.

5 ☐ 물깜 ☐ 물감 이 바지에 묻었어요.

6 ☐ 용돈 ☐ 용똔 을 모아 장난감을 살래요.

7 주말에 아빠와 ☐ 낙씨 ☐ 낚시 를 갔어요.

8 제발 꽃을 ☐ 꺾지 ☐ 꺽찌 마세요.

9 오늘따라 떡볶이가 참 ☐ 마싣따. ☐ 맛있다.

10 나는 형의 손을 꼭 ☐ 붙잡았다. ☐ 붇잡아따.

○ 밑줄 친 낱말을 바르게 고쳐 쓰세요.

11 우리는 같은 <u>학꾜</u>에 다녀요.

12 <u>돋뽀기</u>로 작은 글자를 보았다.

13 <u>발빠닥</u>에 흙이 잔뜩 묻었어요.

14 가족들과 <u>보름딸</u>을 바라보았어요.

15 맑았던 하늘이 <u>검께</u> 변했어요.

16 <u>숩쏙</u> 공기를 마시니 가슴이 시원해요.

17 단풍나무 <u>입싸귀</u>가 빨갛게 물들었어요.

18 언니가 동생의 <u>엽꾸리</u>를 간질였어요.

19 시끄러운 소리에 <u>낟짬</u>에서 깼다.

20 <u>해뻗</u>이 쨍쨍 내리쬐는 날이에요.

받아쓰기

아이에게 정답 125쪽 내용을 불러 주거나, QR코드를 찍어 내용을 들려주세요.

문제 듣기

◎ 불러 주는 말을 잘 듣고 맞춤법에 맞게 받아쓰세요.

1

2

3

4

5

✔ 어려운 글자나 틀린 글자를 연습해요.

6

7

8

9

10

✔ 어려운 글자나 틀린 글자를 연습해요.

4 모음자가 어려워요

17 ㅐ, ㅔ가 들어간 말

18 ㅒ, ㅖ가 들어간 말

19 ㅘ, ㅝ가 들어간 말

20 4단원 평가

○ 바른 낱말을 골라 따라 쓰세요.

1 사탕에 개미가 | 게미가 붙었다.

	사	탕	에	∨				∨	붙
었	다	.							

2 내일부터 노래를 | 노레를 연습하자!

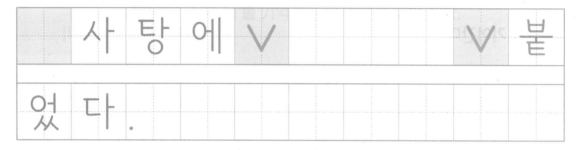

	내	일	부	터	∨				∨
연	습	하	자	!					

3 개는 | 게는 다리가 열 개이다.

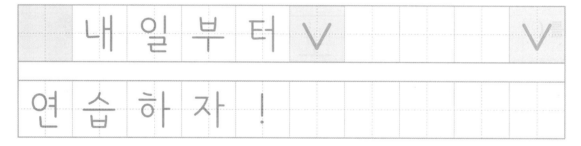

				∨	다	리	가	∨	열	∨
개	이	다	.							

4 어제 친구랑 그네를 | 그내를 탔어요.

	어	제	∨	친	구	랑	∨		
	∨	탔	어	요	.				

문장을 완성해요

정답 126쪽

그림을 보고, 바른 낱말을 골라 문장을 완성하세요.

1

달팽이는　달펭이는　좋아합니다.　비를

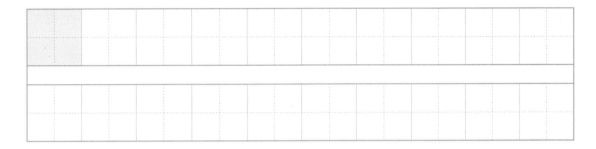

2

쓰레기를　쓰래기를　줍자.　떨어진

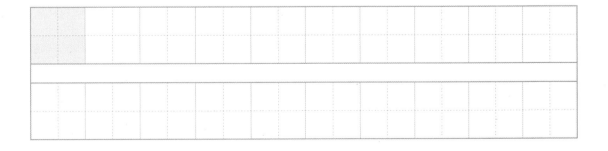

ㅐ, ㅖ가 들어간 말

'ㅐ'와 'ㅖ'는 모양과 소리가 비슷해서 쓸 때 헷갈리기 쉬워요.
낱말에서 'ㅐ'와 'ㅖ'를 기억해 두고 바르게 써야 해요.

| ㅐ가 들어간 말 |

개

✎ 쓰기

| 개 | 개 |

애기

| 애 | 기 | 애 | 기 |

| ㅖ가 들어간 말 |

계단

| 계 | 단 | 계 | 단 |

시계

| 시 | 계 | 시 | 계 |

연예인

| 연 | 예 | 인 | 연 | 예 | 인 |

예쁘다

| 예 | 쁘 | 다 | 예 | 쁘 | 다 |

눈으로 확인해요

◎ 바른 낱말을 골라 ✓표를 하세요.

| ㅒ가 들어간 말 |

1 (   )는 줄넘기를 잘해.

☐ 걔   ☐ 계

2 우리 (   ) 좀 하자.

☐ 예기   ☐ 얘기

3 나는 잘 모르니 (   )한테 물어봐.

☐ 쟤   ☐ 제

| ㅖ가 들어간 말 |

4 (   )을 오르니 힘들다.

☐ 게단   ☐ 계단

5 지루해서 (   )만 보았다.

☐ 시계   ☐ 시게

6 내 꿈은 (   )이다.

☐ 연얘인   ☐ 연예인

7 웃는 얼굴이 (   ).

☐ 얘쁘다   ☐ 예쁘다

8 어제부터 (   ) 눈이 와요.

☐ 계속   ☐ 걔속

9 (   )이 바뀌어 여름이 되었다.

☐ 계절   ☐ 걔절

10 임금님은 (   )를 가진 사람이었다.

☐ 지헤   ☐ 지혜

○ 바른 낱말을 골라 따라 쓰세요.

1 네가 본 아이가 계니? | 걔니?

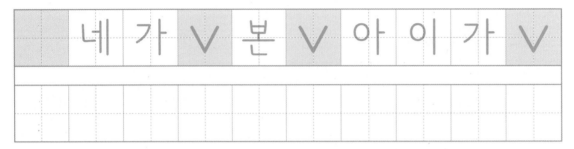

2 재미있는 예기를 | 얘기를 들었어요.

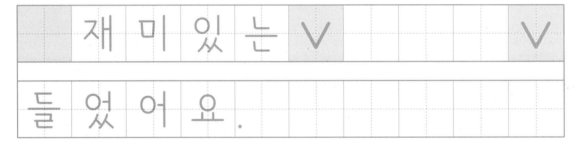

3 시걔가 | 시계가 한 시를 가리킨다.

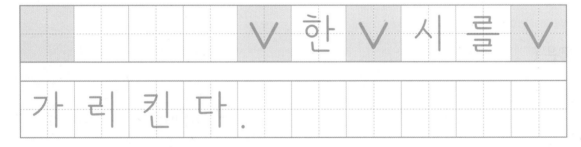

4 연애인이 | 연예인이 되고 싶어요.

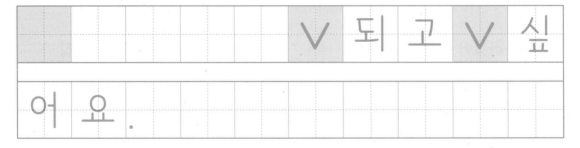

문장을 완성해요

○ 그림을 보고, 바른 낱말을 골라 문장을 완성하세요.

1

계절이다.   게절이다.   가을은   독서의

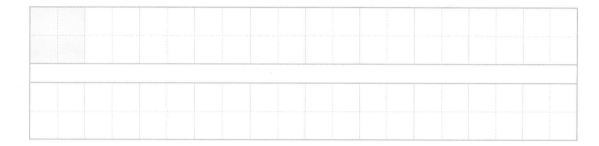

2

예쁩니다.   얘쁩니다.   눈이   동생은

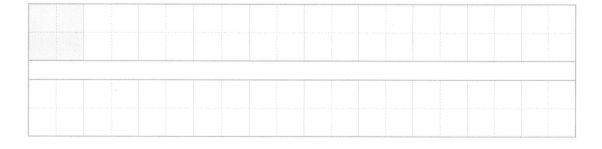

19 ㅘ, ㅝ가 들어간 말

'ㅘ'는 'ㅏ'랑, 'ㅝ'는 'ㅓ'랑 소리가 비슷해서 헷갈리기 쉬워요.
낱말에서 'ㅘ'와 'ㅝ'를 기억해 두고 바르게 써야 해요.

| ㅘ가 들어간 말 |

 **과자**

 **장화**

 **소방관**

| ㅝ가 들어간 말 |

 **권투**

 **병원**

 원숭이

 쓰기

| 과 | 자 | 과 | 자 |

| 장 | 화 | 장 | 화 |

| 소 | 방 | 관 | 소 | 방 | 관 |

| 권 | 투 | 권 | 투 |

| 병 | 원 | 병 | 원 |

| 원 | 숭 | 이 | 원 | 숭 | 이 |

눈으로 확인해요

○ 바른 낱말을 골라 ✓표를 하세요.

| ㅘ가 들어간 말 |

1 (   ) 먹는 소리가 들려요. ☐ 과자   ☐ 가자

2 비가 와서 (   )를 신었다. ☐ 장하   ☐ 장화

3 불이 나면 (   )이 출동한다. ☐ 소방간   ☐ 소방관

4 (   )는 마법에 걸렸습니다. ☐ 왕자   ☐ 앙자

5 (   )는 맛있는 과일이에요. ☐ 사과   ☐ 사가

| ㅝ가 들어간 말 |

6 삼촌은 (   ) 선수예요. ☐ 건투   ☐ 권투

7 친구랑 (   )놀이를 했다. ☐ 병원   ☐ 병언

8 (   )가 바나나를 먹는다. ☐ 언숭이   ☐ 원숭이

9 생일 축하해 줘서 (   ). ☐ 고마와   ☐ 고마워

10 (   )부터 방학입니다. ☐ 월요일   ☐ 얼요일

따라 쓰며 익혀요

○ 바른 낱말을 골라 따라 쓰세요.

1 장하에 | 장화에 물이 들어갔어요.

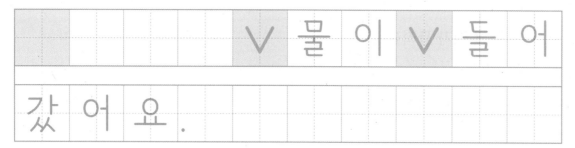

					∨	물	이	∨	들	어
갔	어	요	.							

2 소방간들이 | 소방관들이 불을 껐습니다.

					∨	불	을	∨		
껐	습	니	다	.						

3 친구랑 권투를 | 건투를 하다 다쳤다.

친	구	랑	∨			∨	하
다	∨	다	쳤	다	.		

4 병원 | 병언 가기가 무서워요.

			∨	가	기	가	∨	무	서
워	요	.							

문장을 완성해요

정답 128쪽

○ 그림을 보고, 바른 낱말을 골라 문장을 완성하세요.

1

| 가자를 | 과자를 | | 사 주셨다. | | 할아버지께서 |

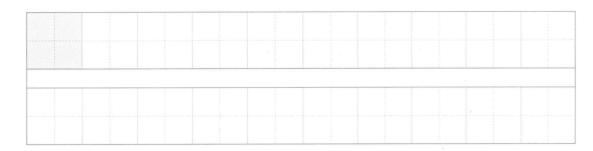

2

| 고마워. | 고마와. | | 청소를 | | 도와줘서 |

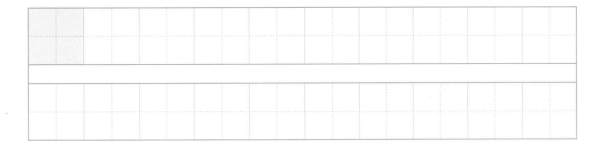

20 4단원 평가

◎ 바른 낱말을 골라 ✓표를 하세요.

1 ☐ 게미 ☐ 개미 는 작은 곤충입니다.

2 ☐ 모레 ☐ 모래 속에 보물을 숨기자.

3 ☐ 게 ☐ 개 껍데기는 딱딱하다.

4 ☐ 쓰래기 ☐ 쓰레기 를 길에 버리면 안 돼요.

5 형이 웃긴 ☐ 애기 ☐ 얘기 를 했어.

6 이 ☐ 시계 ☐ 시걔 는 5분이나 느리다.

7 ☐ 지혜 ☐ 지헤 를 모아 문제를 풀었다.

8 아빠는 ☐ 소방간 ☐ 소방관 이시다.

9 감기가 들어 ☐ 병원 ☐ 병언 에 갔다.

10 초대해 줘서 ☐ 고마와. ☐ 고마워.

◎ 밑줄 친 낱말을 바르게 고쳐 쓰세요.

11 <u>달펭이</u> 한 마리가 기어간다.

12 놀이터에 <u>그내</u>가 있어요.

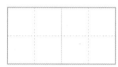

13 <u>어재</u> 친구와 다투었다.

14 <u>계도</u> 놀이터에 있니?

15 <u>개단</u>을 조심히 내려가라.

16 반지가 정말 <u>얘쁘다</u>.

17 엄마는 과일 중에서 <u>사가</u>를 좋아해요.

18 <u>앙자</u>는 공주에게 반했다.

19 내일 오후에 <u>건투</u> 시합이 있다.

20 <u>언숭이</u>도 나무에서 떨어진다.

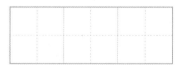

받아쓰기

아이에게 **정답 129쪽 내용을** 불러 주거나, **QR코드를** 찍어 내용을 들려주세요.

문제 듣기

○ 불러 주는 말을 잘 듣고 맞춤법에 맞게 받아쓰세요.

1

2

3

4

5

✔ 어려운 글자나 틀린 글자를 연습해요.

6

7

8

9

10

✅ 어려운 글자나 틀린 글자를 연습해요.

1-3 빈칸에 들어갈 바른 낱말을 골라 선으로 이으세요.

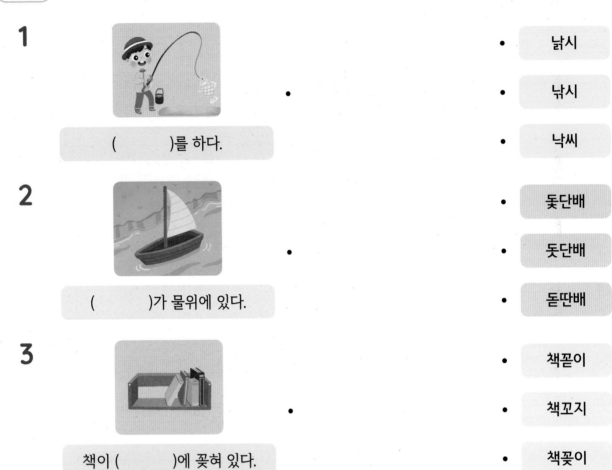

1 ( )를 하다.

2 ( )가 물위에 있다.

3 책이 ( )에 꽂혀 있다.

- 낚시
- 낚시
- 낙씨

- 돛단배
- 돗단배
- 돋딴배

- 책꼳이
- 책꼬지
- 책꽂이

4-6 바른 낱말을 골라 ✔표를 하세요.

4 입고 난 옷은 ☐ 옫짱 ☐ 옷장 에 잘 걸어 둡니다.

5 ☐ 부어케서 ☐ 부엌에서 맛있는 냄새가 솔솔 풍긴다.

6 맨발로 돌아다녀서 ☐ 발빠닥 ☐ 발바닥 이 더러워졌다.

7-10 그림을 보고, 낱말을 바르게 고쳐 쓰세요.

7 | 어 | 름 | → | | |

8 | 무 | 릅 | → | | |

9 | 믿 | 줄 | → | | |

10 | 그 | 내 | → | | |

11-13 대화에서 빈칸에 들어갈 바른 낱말을 골라 ✔표를 하세요.

11

할아버지: 유안이는 어떤 과일을 가장 좋아하니?
손녀: 저는 (   ) 제일 좋아요.

☐ 수박이
☐ 수바기

12

새롬: 벌써 가을이 온 것 같아.
주호: 맞아. 단풍나무 (   )가 빨갛게 물들기 시작했어.

☐ 입싸귀
☐ 잎사귀

13

민정: 이번 주에는 우리가 (   ) 분리수거를 해야 해.
다솜: 그렇구나. 수업 끝나고 버리러 가자.

☐ 쓰레기
☐ 쓰래기

14-16 보기 에서 바른 낱말을 골라 빈칸에 쓰세요.

> **보기**
>
> 보름딸 | 보름달   이붠 | 입원   돋보기 | 돋뽀기

14 씨앗을 [   ] 로 관찰하다.

15 다리를 다쳐서 병원에 [   ] 을 했다.

16 밤하늘에 [   ] 이 환하게 떠 있다.

17-19 밑줄 친 낱말을 바르게 고쳐 쓰세요.

17 우리 가조근 세 명이다. → [   ]

18 풀잎 위에 달펭이가 있다. → [   ]

19 상자의 리본을 예쁘게 무꺼요. → [   ]

20 다음 중 바르게 쓴 문장은 어느 것인가요?　

① 점심에 <u>보끔밥</u>을 먹었다.

② 할머니께서 <u>용돈</u>을 주셨다.

③ 지민이는 <u>노레</u>를 잘 부른다.

21-22 그림을 보고, 바른 문장을 골라 ✔표를 하세요.

21

☐ 친구와 <u>얘기</u>를 나누다.

☐ 친구와 <u>예기</u>를 나누다.

22

☐ 비가 올 때에는 <u>장하</u>를 신는다.

☐ 비가 올 때에는 <u>장화</u>를 신는다.

23-25 바른 낱말을 골라 빈칸에 쓰세요.

23 계단 / 계단 } 이 공원에는 [　　] 이 많다.

24 팥 / 팥 } 엄마가 [　　] 과 떡으로 빙수를 만들었다.

25 미트로 / 밑으로 } 지붕 [　　　] 빗방울이 떨어진다.

실력 확인 2회

1-3 빈칸에 들어갈 바른 낱말을 골라 선으로 이으세요.

1
건물 (　　　)가 높다.

2
새로 산 신발을 (　　　).

3
나무 뒤에 (　　　) 쳐다보다.

- 노피
- 놉이
- 높이

- 시너요
- 신어요
- 실어요

- 숨어서
- 수머서
- 숨머서

4-6 바른 낱말을 골라 ✔표를 하세요.

4 친구와 함께 ☐ 숩 ☐ 숲 사이를 거닐다.

5 날씨가 더워서 ☐ 얼구리 ☐ 얼굴이 빨개졌다.

6 ☐ 동녁 ☐ 동녘 하늘이 환해지면서 해가 떠오른다.

7-10 그림을 보고, 낱말을 바르게 고쳐 쓰세요.

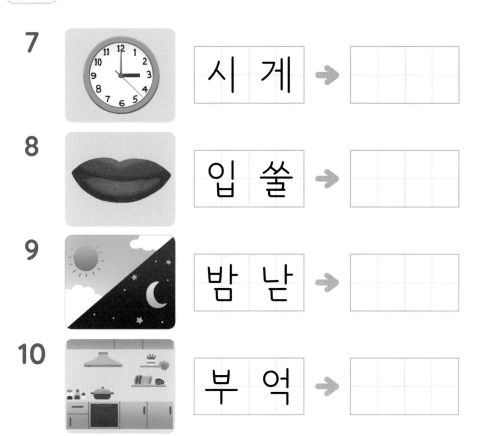

7 시 게 ➡

8 입 쑬 ➡

9 밤 낟 ➡

10 부 억 ➡

11-13 대화에서 빈칸에 들어갈 바른 낱말을 골라 ✔표를 하세요.

11 윤호: 혹시 내 우산 보았니?
    나연: 신발장 (   ) 있더라.

☐ 옆에
☐ 여페

12 엄마: 밖에 눈이 엄청 많이 왔구나.
    아이: 우리 (   ) 만들러 나가요.

☐ 눈사람
☐ 눈싸람

13 태오: 이사 가서 편지 보낼게.
    정후: 잘 가. (   ) 꼭 할게.

☐ 답짱
☐ 답장

실력 확인 2회

14-16 보기 에서 바른 낱말을 골라 빈칸에 쓰세요.

보기

빛 | 빗   으악 | 음악   낮잠 | 낟짬

14 시장에서 〔   〕 한 개를 샀다.

15 따뜻한 창가에서 〔   〕을 자다.

16 휴대 전화에서 〔   〕 소리가 흘러나온다.

17-19 밑줄 친 낱말을 바르게 고쳐 쓰세요.

17 친구와 손을 <u>자바요</u>. ➡

18 아침을 맛있게 <u>머거요</u>. ➡

19 <u>창박</u> 너머 공원이 보인다. ➡

20 다음 중 바르게 쓴 문장은 어느 것인가요?   [✎   ]

① 화단에 <u>꼬치</u> 알록달록 피다.
② 불이 나자 <u>소방관</u>이 출동했다.
③ <u>키윽꽈</u> 기역은 모양이 다르다.

21-22 그림을 보고, 바른 문장을 골라 ✔표를 하세요.

21

☐ 손을 <u>흔들어</u> 인사를 하다.

☐ 손을 <u>흔드러</u> 인사를 하다.

22

☐ 점심시간에 <u>깍뚜기</u> 반찬이 나왔다.

☐ 점심시간에 <u>깍두기</u> 반찬이 나왔다.

23-25 바른 낱말을 골라 빈칸에 쓰세요.

23

구거

국어

오늘 1교시는  시간이다.

24

물감

물깜

새로 산 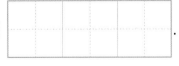으로 색칠을 하다.

25

가써요

갔어요

아빠와 동물원에 ＿＿＿＿＿.

정답

정답
QR 코드

완자 공부력 가이드	106쪽
1단원 | 01-07	110쪽
2단원 | 08-11	117쪽
3단원 | 12-16	121쪽
4단원 | 17-20	126쪽
실력 확인 1회, 2회	130쪽

공부력 가이드

ⓦ 완자

완자 공부력 시리즈는
앞으로도 계속 출간될 예정입니다.

국어
맞춤법
바로 쓰기
1~2학년용
4책

쓰기력

전과목
어휘
1~6학년용
12책

전과목
한자
어휘
1~6학년용
12책

영어
파닉스
1~2학년용
2책

영어
영단어
3~6학년용
8책

어휘력

국어
독해
1~6학년용
12책

한국사
독해
인물편
3~6학년용
4책

한국사
독해
시대편
3~6학년용
4책

독해력

수학
계산
1~6학년용
12책

계산력

완자 공부력 시리즈로 공부 근육을 키워요!

매일 성장하는
초등 자기개발서

ⓦ 완자
공부력

학습의 기초가 되는 읽기, 쓰기, 셈하기와 관련된
공부력을 키워야 여러 교과를 터득하기 쉬워집니다.
또한 어휘력과 독해력, 쓰기력, 계산력을 바탕으로 한
'공부력'은 자기주도 학습으로 상당한 단계까지 올라갈 수
있는 밑바탕이 되어 줍니다. 그래서 매일 꾸준한 학습이
가능한 **'완자 공부력 시리즈'**로 공부하면 자기주도 학습이
가능한 튼튼한 공부 근육을 키울 수 있을 것이라 확신합니다.

ⓘ 효과적인 공부력 강화 계획을 세워요!

○ 학년별 공부 계획
내 학년에 맞게 꾸준하게 공부 계획을 세워요!

		1-2학년	3-4학년	5-6학년
기본	독해	국어 독해 1A 1B 2A 2B	국어 독해 3A 3B 4A 4B	국어 독해 5A 5B 6A 6B
	계산	수학 계산 1A 1B 2A 2B	수학 계산 3A 3B 4A 4B	수학 계산 5A 5B 6A 6B
	어휘	전과목 어휘 1A 1B 2A 2B	전과목 어휘 3A 3B 4A 4B	전과목 어휘 5A 5B 6A 6B
		파닉스 1 2	영단어 3A 3B 4A 4B	영단어 5A 5B 6A 6B
확장	어휘	전과목 한자 어휘 1A 1B 2A 2B	전과목 한자 어휘 3A 3B 4A 4B	전과목 한자 어휘 5A 5B 6A 6B
	쓰기	맞춤법 바로 쓰기 1A 1B 2A 2B		
	독해		한국사 독해 인물편 1 2 3 4	
			한국사 독해 시대편 1 2 3 4	

○ 시기별 공부 계획

학기 중에는 **기본**, 방학 중에는 **기본 + 확장**으로 공부 계획을 세워요!

방학 중			
학기 중			
기본			확장
독해	계산	어휘	어휘, 쓰기, 독해
국어 독해	수학 계산	전과목 어휘 파닉스(1~2학년) 영단어(3~6학년)	전과목 한자 어휘 맞춤법 바로 쓰기(1~2학년) 한국사 독해(3~6학년)

예시 **초1 학기 중 공부 계획표** 주 5일 하루 3과목 (45분)

월	화	수	목	금
국어 독해	국어 독해	국어 독해	국어 독해	국어 독해
수학 계산	수학 계산	수학 계산	수학 계산	수학 계산
전과목 어휘	파닉스	전과목 어휘	전과목 어휘	파닉스

예시 **초4 방학 중 공부 계획표** 주 5일 하루 4과목 (60분)

월	화	수	목	금
국어 독해	국어 독해	국어 독해	국어 독해	국어 독해
수학 계산	수학 계산	수학 계산	수학 계산	수학 계산
전과목 어휘	영단어	전과목 어휘	전과목 어휘	영단어
한국사 독해 인물편	전과목 한자 어휘	한국사 독해 인물편	전과목 한자 어휘	한국사 독해 인물편

01 ㄱ, ㄴ 받침 있는 말

10쪽
11쪽

| ㄱ 받침 | | 🔊 읽기 | ✏️ 쓰기 |

국어 [구거] 국어

수박이 [수:바기] 수박이

먹다
먹어요 [머거요] 먹어요

+ 낱말

녹아요[노가요], 목이[모기], 찍어요[찌거요],
악어[아거], 목요일[모교일]

| ㄴ 받침 |

어린이 [어리니] 어린이

눈을 [누:늘] 눈을

신다
신어요 [시너요] 신어요

+ 낱말

안아요[아나요], 문어[무너], 글쓴이[글쓰니],
공원에[공워네], 칭찬을[칭차늘]

◎ 바른 낱말을 골라 ✔표를 하세요.

| ㄱ 받침 |

1 ( ) 공부를 해요. ✔국어 ☐구거

2 ( ) 익었어요. ☐수바기 ✔수박이

3 동생이 밥을 ( ). ✔먹어요 ☐머거요

4 얼음이 점점 ( ). ✔녹아요 ☐노가요

5 기린은 ( ) 길어요. ☐모기 ✔목이

⭐ '목이'를 '모기'라고 쓰면 곤충을 의미하는 '모기'와
헷갈릴 수 있어요. 그러니 받침을 바르게 써야 해요.

| ㄴ 받침 |

6 ( )가 그림을 그려요. ☐어리니 ✔어린이

7 ( ) 내려요. ✔눈이 ☐누니

8 신발을 ( ). ✔신어요 ☐시너요

9 강아지를 꼭 ( ). ☐아나요 ✔안아요

10 ( )는 바다에 살아요. ☐무너 ✔문어

12쪽
13쪽

◎ 바른 낱말을 골라 따라 쓰세요.

1 수바글 | 수박을 맛있게 먹어요.

| 수 | 박 | 을 | ∨ | 맛 | 있 | 게 | ∨ | 먹 |
| 어 | 요 | . | | | | | | |

2 밥을 먹으니 | 머그니 배불러요.

| 밥 | 을 | ∨ | 먹 | 으 | 니 | ∨ | 배 | 불 |
| 러 | 요 | . | | | | | | |

3 어린이는 | 어리니는 어른과 함께 오세요.

| 어 | 린 | 이 | 는 | ∨ | 어 | 른 | 과 | ∨ |
| 함 | 께 | ∨ | 오 | 세 | 요 | . | | |

4 엄마가 아기를 안아요. | 아나요.

| 엄 | 마 | 가 | ∨ | 아 | 기 | 를 | ∨ | 안 |
| 아 | 요 | . | | | | | | |

⭐ 낱말과 낱말 사이는 띄어 써야 하지만, '이/가'나
'을/를', '과/와' 같은 조사는 앞말에 붙여 써요.

◎ 그림을 보고, 바른 낱말을 골라 문장을 완성하세요.

1

국어를 구거를 공부해요. 선생님과

예시
| 선 | 생 | 님 | 과 | | 국 | 어 | 를 | |
| 공 | 부 | 해 | 요 | . | | | | |

⭐ 국어는 문장에서 낱말의 순서가 자유로운 편입
니다. 문장이 자연스럽게 읽힌다면 낱말의 순서
가 다른 문장도 바른 문장이에요.

신어요. 시너요. 구두를 아빠가

예시
| 아 | 빠 | 가 | | 구 | 두 | 를 | | 신 |
| 어 | 요 | . | | | | | | |

02 ㄷ, ㄹ 받침 있는 말

ㄷ 받침	🔊 읽기	✏️ 쓰기
믿음	[미듬]	믿음
맏아들	[마다들]	맏 아 들
받다 받아요 ➕낱말	[바다요]	받 아 요

돋아요[도다요], 닫아요[다다요], 믿어요[미더요],
묻어요[무더요], 낱알[나달]

ㄹ 받침		
얼음	[어름]	얼음
얼굴이	[얼구리]	얼 굴 이
흔들다 흔들어 ➕낱말	[흔드러]	흔 들 어

들어가요[드러가요], 할아버지[하라버지],
나들이[나드리], 물이[무리], 얼어요[어러요]

◎ 바른 낱말을 골라 따라 쓰세요.

1 내 친구는 맏아들 | 마다들이다.

내	✓	친	구	는	✓	맏	아	들
이	다	.						

⭐ '이다'는 조사로 앞말에 붙여 써요.
예) 우리는 친구이다.

2 바람이 세니 창문을 닫으세요. | 다드세요.

바	람	이	✓	세	니	✓	창	문
을	✓	닫	으	세	요	.		

3 엄마는 얼굴이 | 얼구리 동그래요.

엄	마	는	✓	얼	굴	이	✓	동
그	래	요	.					

4 강아지가 꼬리를 흔들어요. | 흔드려요.

	강	아	지	가	✓	꼬	리	를	✓
흔	들	어	요	.					

◎ 바른 낱말을 골라 ✓표를 하세요.

ㄷ 받침		
1 친구 사이에는 ( )이 필요해.	✓믿음	☐미듬
2 형은 ( )이다.	✓맏아들	☐마다들
3 용돈을 ( ) 저금을 했어요.	☐바다서	✓받아서
4 봄에는 새싹이 ( ).	✓돋아요	☐도다요
5 현관문을 세게 ( ).	✓닫아요	☐다다요

ㄹ 받침		
6 ( ) 얼어요.	☐어르미	✓얼음이
7 ( ) 깨끗이 씻어요.	☐얼구를	✓얼굴을
8 손을 ( ) 인사해요.	✓흔들어	☐흔드러
9 동생이 방에 ( ).	☐드러가요	✓들어가요
10 ( )께서 산에 가신다.	✓할아버지	☐하라버지

⭐ 웃어른께는 높임말을 사용해야 합니다. '할아버지
가'가 아니라 '할아버지께서'로, '간다'가 아니라 '가
신다'로 써야 해요.

◎ 그...

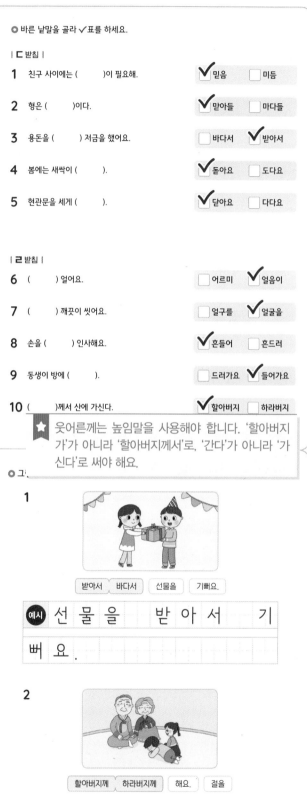

1

받아서　바다서　선물을　기뻐요.

예시	선	물	을		받	아	서		기
뻐	요	.							

2

할아버지께　하라버지께　해요.　절을

예시	할	아	버	지	께		절	을
해	요	.						

14쪽
15쪽

16쪽
17쪽

03 ㅁ, ㅂ 받침 있는 말

18쪽
19쪽

ㅁ받침	읽기	쓰기

음악 [으막] 음 악

봄을 [보믈] 봄 을

숨다
숨어요 [수머요] 숨 어 요
+ 낱말

더듬이[더드미], 그림을[그리믈], 감아요[가마요],
심으며[시므며], 넘어지다[너머지다]

| ㅂ받침 |

입원 [이붠] 입 원

손톱을 [손토블] 손 톱 을

잡다
잡아요 [자바요] 잡 아 요
+ 낱말

씹어요[씨버요], 입으니[이브니], 답안지[다반지],
손잡이[손자비], 밥이[바비]

◎ 바른 낱말을 골라 ✓표를 하세요.

| ㅁ받침 |

1 (　　) 소리가 들려요. ✓음악　□으막

2 (　　) 새싹이 나요. □보메　✓봄에

3 벽 뒤에 (　　) 지켜보다. □수머서　✓숨어서

4 개미는 (　　)가 있다. □더드미　✓더듬이

5 나는 (　　) 잘 그려요. ✓그림을　□그리믈

| ㅂ받침 |

6 병원에 (　　)했어요. ✓입원　□이붠

7 (　　) 잘라요. ✓손톱을　□손토블

8 나비를 (　　) 뛰어가요. □자브려고　✓잡으려고

9 껌을 (　　). □씨버요　✓씹어요

10 겉옷을 (　　) 더워요. ✓입으니　□이브니

20쪽
21쪽

◎ 바른 낱말을 골라 따라 쓰세요.

1 따뜻한 봄이 | 보미 왔어요.

| 따 | 뜻 | 한 | ∨ | 봄 | 이 | ∨ | 왔 | 어 |
| 요 | . |

2 나무 뒤에 숨었어요. | 수머써요.

| 나 | 무 | ∨ | 뒤 | 에 | ∨ | 숨 | 었 | 어 |
| 요 | . |

3 버스에서 손잡이를 자바요. | 잡아요.

| 버 | 스 | 에 | 서 | ∨ | 손 | 잡 | 이 | 를 |
| 잡 | 아 | 요 | . |

4 오늘은 무엇을 입을까? | 이블까?

| 오 | 늘 | 은 | ∨ | 무 | 엇 | 을 | ∨ | 입 |
| 을 | 까 | ? |

◎ 그림을 보고, 바른 낱말을 골라 문장을 완성하세요.

1

음악이　으마기　흘러요.　즐거운

예시 즐 거 운 　음 악 이 　흘
러 요 .

2

씹어　씨버　먹어요.　음식을

예시 음 식 을 　씹 어 　먹 어
요 .

04 ㅅ, ㅈ, ㅊ 받침 있는 말

ㅅ받침	🔊 읽기	✏️ 쓰기

웃음 [우슴] 웃음

+낱말 옷이 [오시] 옷이

씻어요[씨서요], 맛을[마슬], 깨끗이[깨끄시],
웃어요[우서요], 벗어나다[버서나다]

| ㅈ받침 |

책꽂이 [책꼬지] 책꽂이

+낱말 낮이 [나지] 낮이

찾으니[차즈니], 달맞이[달마지], 늦은[느즌],
젖어요[저저요], 잊어버리다[이저버리다]

| ㅊ받침 |

꽃이 [꼬치] 꽃이

+낱말 쫓아요 [쪼차요] 쫓아요

빛이[비치], 닻을[다츨], 좇아[조차], 쫓아가다[쪼차가다]

● 바른 낱말을 골라 ✔표를 하세요.

| ㅅ받침 |

1 계속 (　　) 이 나요.　　✔웃음　☐우슴

2 새 (　　) 샀어요.　　✔옷을　☐오슬

3 손을 깨끗이 (　　).　　☐씨서요　✔씻어요

| ㅈ받침 |

4 책은 (　　) 에 정리해요.　　✔책꽂이　☐책꼬지

5 내일 (　　) 만나요.　　☐나제　✔낮에

6 연필을 (　　).　　☐차자요　✔찾아요

| ㅊ받침 |

7 (　　) 피었어요.　　☐꼬치　✔꽃이

8 경찰이 도둑을 (　　).　　✔쫓아요　☐쪼차요

9 (　　) 환해요.　　✔빛이　☐비치

22쪽 / 23쪽

● 바른 낱말을 골라 따라 쓰세요.

1 친구와 웃으며 | 우스며 화해해요.

| 친 | 구 | 와 | ∨ | 웃 | 으 | 며 | ∨ | 화 |
| 해 | 해 | 요 | . |

2 제 지갑을 찾아 | 차자 주세요.

| 제 | ∨ | 지 | 갑 | 을 | ∨ | 찾 | 아 | ∨ |
| 주 | 세 | 요 | . |

3 화단에서 꽃을 | 꼬츨 키워요.

| 화 | 단 | 에 | 서 | ∨ | 꽃 | 을 | ∨ | 키 |
| 워 | 요 | . |

⭐ '꽃을'을 [꼬슬]이나 [꼬즐]로
발음하지 않도록 주의해요.

4 창문으로 빛이 | 비치 들어와요.

| 창 | 문 | 으 | 로 | ∨ | 빛 | 이 | ∨ | 들 |
| 어 | 와 | 요 | . |

● 그림을 보고, 바른 낱말을 골라 문장을 완성하세요.

1

| 씻어요. | 씨서요. | 깨끗이 | 몸을 |

예시
| 몸 | 을 | 　 | 깨 | 끗 | 이 | 　 | 씻 | 어 |
| 요 | . |

2

| 쫓아요. | 쪼차요. | 쥐를 | 고양이가 |

예시
| 고 | 양 | 이 | 가 | 　 | 쥐 | 를 | 　 | 쫓 |
| 아 | 요 | . |

24쪽 / 25쪽

05 ㅋ, ㅌ, ㅍ 받침 있는 말

| ㅋ 받침 | 🔊 읽기 | ✏️ 쓰기 |

부엌에 [부어케] 부 엌 에

+낱말 **들녘이** [들:려키] 들 녘 이

새벽녘에[새병녀케], 동녘이[동녀키],
저물녘이[저물려키]

| ㅌ 받침 |

밑으로 [미트로] 밑 으 로

+낱말 같다 **같아요** [가타요] 같 아 요

밭에[바테], 짙은[지튼], 맡아[마타], 붙으니[부트니],
흩어지다[흐터지다]

| ㅍ 받침 |

높이 [노피] 높 이

+낱말 **옆에** [여페] 옆 에

깊으니[기프니], 싶어요[시퍼요], 뒤덮어요[뒤더퍼요],
엎어지다[어퍼지다]

❖ 바른 낱말을 골라 ✔표를 하세요.

| ㅋ 받침 |

1 (　　　) 깨끗해요. ✔부엌이 ☐부어키

2 (　　　) 바라본다. ☐들려클 ✔들녘을

3 (　　　) 잠이 들었다. ☐새병녀케 ✔새벽녘에

⭐ '새벽녘'은 '새벽이 될 무렵.'을 뜻해요.

| ㅌ 받침 |

4 다리 (　　　) 강물이 흐릅니다. ✔밑에 ☐미테

5 두 문제의 답이 (　　　). ✔같아요 ☐가타요

6 (　　　) 고구마를 심어요. ☐바테 ✔밭에

⭐ '높이'는 '높은 정도.'를 뜻해요.

| ㅍ 받침 |

7 책상의 (　　　)를 재요. ☐노피 ✔높이

8 동생 (　　　) 서라. ✔옆에 ☐여페

9 강물이 (　　　) 조심하세요. ☐기프니 ✔깊으니

❖ 바른 낱말을 골라 따라 쓰세요.

1 부엌에서 | 부어케서 빵 냄새가 나요.

| 부 | 엌 | 에 | 서 | ∨ | 빵 | ∨ | 냄 | 새 |
| 가 | ∨ | 나 | 요 . |

⭐ '부엌에서'를 [부어게서]로 발음하지 않도록 주의해요.

2 바위 밑에 | 미테 게가 살아요.

| 바 | 위 | ∨ | 밑 | 에 | ∨ | 게 | 가 | ∨ |
| 살 | 아 | 요 . |

3 모양이 같은 | 가튼 인형을 살래.

| 모 | 양 | 이 | ∨ | 같 | 은 | ∨ | 인 | 형 |
| 을 | ∨ | 살 | 래 . |

4 옆으로 | 여프로 팔을 드세요.

| 옆 | 으 | 로 | ∨ | 팔 | 을 | ∨ | 드 | 세 |
| 요 . |

❖ 그림을 보고, 바른 낱말을 골라 문장을 완성하세요.

1

들녘에서　들려케서　익습니다.　곡식이

예시 | 들 | 녘 | 에 | 서 | | 곡 | 식 | 이 |
| 익 | 습 | 니 | 다 . |

2

깊어요.　기퍼요.　나무뿌리가　땅속에

예시 | 땅 | 속 | 에 | | 나 | 무 | 뿌 | 리 | 가 |
| 깊 | 어 | 요 . |

| ㄲ 받침 | 🔊 읽기 | ✏️ 쓰기 |

볶음밥 [보끔밥] 볶 음 밥

밖에 [바께] 밖 에

묶어요 [무꺼요] 묶 어 요
+ 낱말

연필깎이[연필까끼], 닦아요[다까요], 꺾어[꺼꺼],
뒤섞이다[뒤서끼다]

| ㅆ 받침 |

샀어요 [사써요] 샀 어 요
사다

갔어요 [가써요] 갔 어 요
가다

하겠어 [하게써] 하 겠 어
+ 낱말 하다

썼어요[써써요], 있어요[이써요], 재미있어요[재미이써요],
했어요[해써요], 탔어요[타써요]

◎ 바른 낱말을 골라 ✓표를 하세요.

| ㄲ 받침 |

1 (　　) 을 먹어요.　　　　　✔️볶음밥　☐보끔밥

2 (　　) 나가고 싶어요.　　　✔️밖으로　☐바끄로

3 머리를 (　　) 시원해요.　☐무끄니　✔️묶으니

4 (　　) 로 연필을 깎습니다.　☐연필까끼　✔️연필깎이

5 유리창을 깨끗이 (　　).　✔️닦아요　☐다까요

| ㅆ 받침 |

6 아이스크림을 (　　).　　☐사써요　✔️샀어요

7 언니는 학교에 (　　).　　✔️갔어요　☐가써요

8 숙제를 스스로 (　　).　　☐하게써　✔️하겠어

9 부모님께 편지를 (　　).　✔️썼어요　☐써써요

10 책상 위에 지우개가 (　　).　☐이써요　✔️있어요

◎ 바른 낱말을 골라 따라 쓰세요.

1 엄마랑 밖에 | 바께 나갔어요.

| 엄 | 마 | 랑 | ∨ | 밖 | 에 | ∨ | 나 | 갔 |
| 어 | 요 | . |

2 손톱을 스스로 깎아요. | 까까요.

| 손 | 톱 | 을 | ∨ | 스 | 스 | 로 | ∨ | 깎 |
| 아 | 요 | . |

3 친구들은 어디로 갔을까요? | 가쓸까요?

| 친 | 구 | 들 | 은 | ∨ | 어 | 디 | 로 | ∨ |
| 갔 | 을 | 까 | 요 | ? |

4 냉장고에 음식이 있어요. | 이써요.

| 냉 | 장 | 고 | 에 | ∨ | 음 | 식 | 이 | ∨ |
| 있 | 어 | 요 | . |

◎ 그림을 보고, 바른 낱말을 골라 문장을 완성하세요.

1

묶어요.　무꺼요.　꽉　운동화 끈을

예시 | 운 | 동 | 화 | | 끈 | 을 | | 꽉 |
| 묶 | 어 | 요 | . |

2

샀어요.　사써요.　약국에서　약을

예시 | 약 | 국 | 에 | 서 | | 약 | 을 | | 샀 |
| 어 | 요 | . |

30쪽
31쪽

32쪽
33쪽

115

○ 바른 낱말을 골라 ✓표를 하세요.

1 □ 수바글 ✓ 수박을 먹기 좋게 잘랐어요.

2 □ 어리니 ✓ 어린이 가 보는 공연이에요.

3 ✓ 얼굴을 □ 얼구를 들고 하늘을 보세요.

4 들키지 않게 꼭꼭 ✓ 숨어요. □ 수머요.

5 잠잘 때는 잠옷을 ✓ 입어요. □ 이버요.

6 □ 오세 ✓ 옷에 물감이 묻었어요.

7 호랑이가 사슴을 ✓ 쫓아요. □ 쪼차요.

8 그 건물은 ✓ 높이 □ 노피 가 높습니다.

9 ✓ 밖이 □ 바끼 시끄러워서 잠이 깼다.

10 상자 안에 무엇이 ✓ 있어요? □ 이써요?

○ 밑줄 친 낱말을 바르게 고쳐 쓰세요.

11 빵을 머그니 배가 불러요. | 먹 | 으 | 니 |

12 새 구두를 시녀 발이 아파요. | 신 | 어 |

13 칭찬을 바드니 기분이 좋아요. | 받 | 으 | 니 |

14 바람이 꽃을 흔드러요. | 흔 | 들 | 어 | 요 |

15 나제는 따뜻하고 밤에는 추워요. | 낮 | 에 | 는 |

16 들려케 노을이 집니다. | 들 | 녘 | 에 |

17 이불 미테 인형이 있었다. | 밑 | 에 |

18 나랑 친구는 몸무게가 가타요. | 같 | 아 | 요 |

19 자전거가 내 여플 지나갔다. | 옆 | 을 |

20 요리사가 냄비에 채소를 보까요. | 볶 | 아 | 요 |

○ 불러 주는 말을 잘 듣고 맞춤법에 맞게 받아쓰세요.

1 | 꽃 | 이 | | 예 | 뻐 | 요 | . | | | |

2 | 봄 | 을 | | 기 | 다 | 려 | 요 | . | | |

3 | 잠 | 자 | 리 | 를 | | 잡 | 아 | 요 | . | |

4 | 아 | 기 | 의 | | 예 | 쁜 | | 웃 | 음 | |

5 | 얼 | 음 | 이 | | 어 | 는 | | 겨 | 울 | |

6 | 즐 | 거 | 운 | | 음 | 악 | | 시 | 간 | |

7 | 밖 | 에 | | 나 | 가 | | 놀 | 아 | 요 | . |

8 | 형 | 과 | | 집 | 에 | | 갔 | 어 | 요 | . |

9 | 부 | 엌 | 에 | 서 | | 요 | 리 | 해 | 요 | . |

10 | 책 | 꽂 | 이 | 를 | | 정 | 리 | 해 | 요 | . |

✓ 어려운 글자나 틀린 글자를 연습해요.

✓ 어려운 글자나 틀린 글자를 연습해요.

08 받침이 [ㄱ] 소리 나는 말

🔊 읽기 ✍️ 쓰기

가족 [가족] 가 족

한복 [한복] 한 복

동녘 [동녘] 동 녘

★ '동녘'은 '동쪽 방면.'이라는 뜻입니다.

부엌 [부억] 부 엌

안팎 [안팍] 안 팎

★ '안팎'은 '안과 밖.'이라는 뜻입니다.

창밖 [창박] 창 밖

➕ 낱말

방학[방학], 키읔[키윽], 들녘[들녁], 남녘[남녁], 밖[박],
꺾다[꺽따], 닦다[닥따]

◉ 바른 낱말을 골라 ✓표를 하세요.

코칭 Tip
40쪽
41쪽

1 ( ) 여행을 갔어요. ✓가족 ☐가죡
2 ( ) 치마가 예쁘다. ✓한복 ☐한뵥
3 ( ) 하늘이 환해요. ☐동녁 ✓동녘
4 ( ) 바닥을 청소해요. ☐부억 ✓부엌
5 집 ( )을 구석구석 닦아요. ✓안팎 ☐안팍
6 ( ) 풍경이 아름답다. ☐창박 ✓창밖
7 ( ) 동안 일기를 써요. ☐방학 ✓방학
8 '( )'은 'ㅋ'의 이름이에요. ☐키윽 ✓키읔
9 ( ) 곳곳에 꽃이 피었어요. ✓들녘 ☐들녁
10 ( ) 바다를 바라보았습니다. ☐남녁 ✓남녘
11 교실 ( ) 복도에서 놀았어요. ☐박 ✓밖
12 나뭇가지를 ( ). ✓꺾다 ☐꺽다

◉ 바른 낱말을 골라 따라 쓰세요.

42쪽
43쪽

1 부억 | 부엌 창문을 열까요?

| 부 | 엌 | ∨ | 창 | 문 | 을 | ∨ | 열 | 까 |
| 요 | ? |

2 컵의 안팎 | 안팍 모두 깨끗해요.

| 컵 | 의 | ∨ | 안 | 팎 | ∨ | 모 | 두 | ∨ |
| 깨 | 끗 | 해 | 요 | . |

3 장미꽃을 꺾지 | 꺽지 마세요.

| 장 | 미 | 꽃 | 을 | ∨ | 꺾 | 지 | ∨ | 마 |
| 세 | 요 | . |

4 들녁 | 들녘 가운데에 나무가 있어요.

| 들 | 녘 | ∨ | 가 | 운 | 데 | 에 | ∨ | 나 |
| 무 | 가 | ∨ | 있 | 어 | 요 | . |

◉ 그림을 보고, 바른 낱말을 골라 문장을 완성하세요.

1

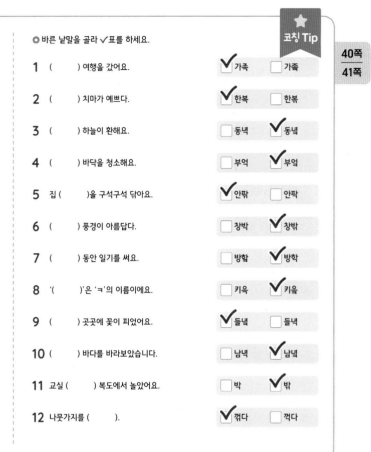

동녘 동녁 바라보았다. 하늘을

예시

| 동 | 녘 | | 하 | 늘 | 을 | | 바 | 라 |
| 보 | 았 | 다 | . |

2

창밖 아래로 창박 아래로 보여요. 건물이

예시

| 창 | 밖 | | 아 | 래 | 로 | | 건 | 물 |
| 이 | | 보 | 여 | 요 | . |

🔊 읽기　✏️ 쓰기

빗　[빋]　빗

다섯　[다섣]　다 섯

밤낮　[밤낟]　밤 낮

> '밤낮'은 '밤과 낮을 아울러 이르는 말.', '밤과 낮을 가리지 않고 늘.'이라는 뜻입니다.

숯　[숟]　숯

팥　[팓]　팥

풀밭　[풀받]　풀 밭

＋낱말

엿[엳], 연못[연몯], 맛[맏], 맞추다[맏추다], 젖[젇],
꽃[꼳], 숯[숟], 치읓[치읃], 끝[끋], 겉[걷], 티읕[티읃]

○ 바른 낱말을 골라 ✔표를 하세요.

1 머리를 빗게 (　　) 주세요.　　✔빗　□빈

2 사탕이 (　　) 개 있다.　　□다섣　✔다섯

> ⭐ 물건을 세는 단위 '개'는 앞말과 띄어 써요.

3 동생은　　　　　　　□밤낟　✔밤낮

4 (　　) 나오면 한 번 더 던져.　　✔윷　□윧

5 밭에 (　　)과 콩을 심었어요.　　✔팥　□팓

6 (　　) 위를 뛰고 싶어요.　　✔풀밭　□풀받

7 맛있는 (　　) 사세요.　　✔엿　□엳

8 개구리가 (　　) 속으로 폴짝!　　□연몯　✔연못

9 새 안경을 (　　).　　✔맞추다　□맏추다

10 새끼에게 (　　) 먹이는 고양이　　□젇　✔젖

11 (　　) 향기가 좋습니다.　　✔장미꽃　□장미꼳

12 오솔길 (　　)까지 걸었다.　　□끋　✔끝

○ 바른 낱말을 골라 따라 쓰세요.

1 내 동생은 다섣 | 다섯 살입니다.

내 ∨ 동 생 은 ∨ 다 섯 ∨
살 입 니 다 .

> ⭐ 나이를 세는 단위 '살'은 앞말과 띄어 써요.

2 베짱이는 밤낟 | 밤낮 노래만 불러요.

베 짱 이 는 ∨ 밤 낮 ∨ 노
래 만 ∨ 불 러 요 .

3 윷 | 윧 나오면 내가 이겨요.

윷 ∨ 나 오 면 ∨ 내 가 ∨
이 겨 요 .

4 맛있는 단팥빵 | 단팓빵 사세요!

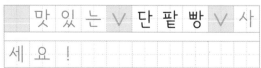

맛 있 는 ∨ 단 팥 빵 ∨ 사
세 요 !

○ 그림을 보고, 바른 낱말을 골라 문장을 완성하세요.

1

연못 속을　연몯 속을　헤엄쳐요.　물고기가

예시 연 못 속 을 물 고 기
가 헤 엄 쳐 요 .

2

풀밭 위에　풀받 위에　누웠어요.　함께

예시 풀 밭 위 에 함 께
누 웠 어 요 .

10 받침이 [ㅂ] 소리 나는 말

🔊 읽기　✏️ 쓰기

9 아홉	[아홉]	아 홉
무릎	[무릅]	무 릎
숲	[숩]	숲
잎	[입]	잎
짚	[집]	짚
헝겊	[헝:겁]	헝 겊

➕ 낱말

장갑[장갑], 겁[겁], 옆[엽], 앞[압], 피읖[피읍], 늪[늡],
깊다[깁따], 높다[놉따]

◉ 바른 낱말을 골라 ✔표를 하세요.

1 (　) 시에 배달이 왔어요. 　✔아홉 　☐아훕

2 물이 (　) 밑까지 찼어요. 　☐무릅 　✔무릎

3 (　) 사이로 호수가 보입니다. 　☐숩 　✔숲

4 (　) 사이로 하얀 꽃이 보인다. 　✔잎 　☐입

5 (　) 묶음을 만들어요. 　✔짚 　☐집

6 (　) 조각을 잘라요. 　☐헝겁 　✔헝겊

7 (　) 한 짝이 사라졌어요. 　☐장갚 　✔장갑

8 (　) 사람과 손을 잡아요. 　✔옆 　☐엽

9 학교 (　) 공원에서 만나. 　☐압 　✔앞

10 '판다'에는 (　) 글자가 들어가요. 　✔피읖 　☐피읍

11 (　) 속에 악어가 살아요. 　☐늡 　✔늪

12 바다가 (　). 　✔깊다 　☐깁다

◉ 바른 낱말을 골라 따라 쓰세요.

1 무릎 | 무릅 위에 손을 놓으세요.

무	릎	∨	위	에	∨	손	을	∨
놓	으	세	요	.				

2 연두색 잎들이 | 입들이 돋아난다.

연	두	색	∨	잎	들	이	∨	돋
아	난	다	.					

3 헝겁 | 헝겊 인형을 가지고 놀아요.

헝	겊	∨	인	형	을	∨	가	지
고	∨	놀	아	요	.			

4 집 앞 | 압 편의점에 갔어요.

집	∨	앞	∨	편	의	점	에	∨
갔	어	요	.					

◉ 그림을 보고, 바른 낱말을 골라 문장을 완성하세요.

1

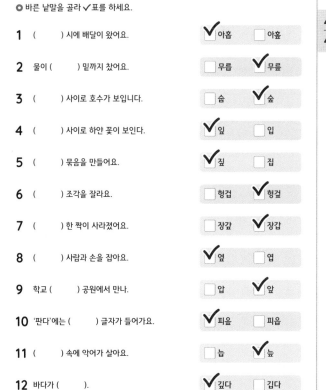

| 깊다. | 깁다. | 동굴이 | 굉장히 |

예시

동	굴	이		굉	장	히		깊
다	.							

2

| 숲 옆에 | 숩 옆에 | 흐릅니다. | 강이 |

예시

숲		옆	에		강	이		흐
릅	니	다	.					

52쪽
53쪽

◎ 바른 낱말을 골라 ✔표를 하세요.

1 ☐부억 ✔부엌 옆에 화장실이 있어요.

2 ✔창밖 ☐창박 나무가 바람에 흔들립니다.

3 ✔남녘 ☐남녁 하늘이 파랗다.

4 작은 ✔빗 ☐빚 하나만 주세요.

5 눈이 나빠서 안경을 ✔맞춰요. ☐맏춰요.

6 가지에 달린 ☐꼳 ✔꽃 크기가 작다.

7 ✔헝겊 ☐헝겁 색깔이 누렇게 변했어요.

8 ✔옆 ☐엽 사람과 이야기를 해요.

9 새 ☐장갑 ✔장갑 과 목도리를 샀습니다.

10 우물 안은 ☐깁고 ✔깊고 어두워요.

◎ 밑줄 친 낱말을 바르게 고쳐 쓰세요.

11 새가 동녁 하늘로 날아갔습니다. 　동 녘

12 상자의 안팍 모두 깨끗한지 살펴봐요. 　안 팎

13 벌써 다섣 시가 지났네. 　다 섯

14 윧 나와라 했는데 도가 나왔어요. 　윷

15 단팓 든 빵을 좋아해요? 　단 팥

16 엳 두 개 주세요. 　엿

17 송아지는 어미 젇만 먹어요. 　젖

18 무릅 보호대를 했습니다. 　무 릎

19 늡 속에 발이 빠졌어요. 　늪

20 피읍 다음 글자는 히읗이다. 　피 읖

54쪽
55쪽

◎ 불러 주는 말을 잘 듣고 맞춤법에 맞게 받아쓰세요.

1 장 미 꽃 　향 기

2 학 교 　앞 　공 원

3 다 섯 　살 입 니 다 .

4 연 못 　속 　물 고 기

5 숲 　나 들 이 를 　가 요 .

6 부 엌 　청 소 를 　했 다 .

7 창 밖 　풍 경 을 　봐 요 .

8 밤 낮 　먹 기 만 　해 요 .

9 풀 밭 　위 를 　뛰 었 다 .

10 헝 겊 　가 방 을 　샀 다 .

✎ 어려운 글자나 틀린 글자를 연습해요.

✎ 어려운 글자나 틀린 글자를 연습해요.

3 된소리가 나요

12 된소리 나는 말 ①

58쪽
59쪽

★ '된소리'는 목구멍을 좁히거나 긴장시켜서 내는 [ㄲ, ㄸ, ㅃ, ㅆ, ㅉ] 소리를 가리키는 말이에요.

깍두기	[깍뚜기]	깍 두 기
돋보기	[돋뽀기]	돋 보 기
숟가락	[숟까락]	숟 가 락
답장	[답짱]	답 장
입술	[입쑬]	입 술

+ 낱말

독수리[독쑤리], 색종이[색쫑이], 찍다[찍따], 싣고[싣꼬], 접시[접씨], 좁고[좁꼬]

◎ 바른 낱말을 골라 ✓표를 하세요.

코칭 Tip

1 ( )에 갑니다. ☐ 학꾜 ✓ 학교

2 ( )가 맛있게 익었어요. ✓ 깍두기 ☐ 깍뚜기

3 ( )로 개미를 보았다. ✓ 돋보기 ☐ 돋뽀기

4 ( )으로 밥을 떠먹어요. ☐ 숟까락 ✓ 숟가락

5 친구에게 ( )을 썼어요. ✓ 답장 ☐ 답짱

6 밥풀이 ( )에 붙었어요. ☐ 입쑬 ✓ 입술

7 ( )가 날개를 활짝 펼쳐요. ☐ 독쑤리 ✓ 독수리

8 ( )로 비행기를 만들어요. ✓ 색종이 ☐ 색쫑이

9 가족 사진을 ( ). ☐ 찍따 ✓ 찍다

10 차에 짐을 ( ) 왔어요. ✓ 싣고 ☐ 싣꼬

11 ( )에 반찬을 담아요. ☐ 접씨 ✓ 접시

12 복도가 ( ) 어두워요. ✓ 좁고 ☐ 좁꼬

◎ 바른 낱말을 골라 따라 쓰세요.

60쪽
61쪽

1 형은 학교로 | 학꾜로 뛰어갔어요.

형 은	∨	학 교 로	∨	뛰 어
갔 어 요 .				

2 돋보기 | 돋뽀기 안경을 쓰셨어요.

돋 보 기	∨	안 경 을	∨	쓰
셨 어 요 .				

3 친구가 답짱을 | 답장을 보냈어요.

친 구 가	∨	답 장 을	∨	보
냈 어 요 .				

4 골목길이 길고 좁다. | 좁따.

골 목 길 이	∨	길 고	∨	좁
다 .				

◎ 그림을 보고, 바른 낱말을 골라 문장을 완성하세요.

1

숟가락을   숟까락을   놓았어요.   식탁에

예시 식 탁 에   숟 가 락 을
놓 았 어 요 .

2

찍꼬   찍고   싶어요.   사진을

예시 사 진 을   찍 고   싶 어
요 .

62쪽
63쪽

🔊 읽기　　✏️ 쓰기

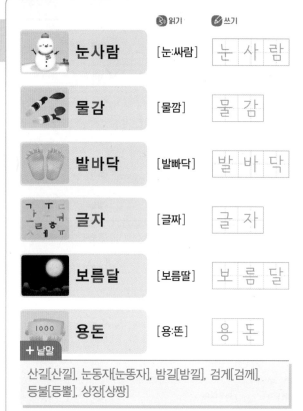

눈사람	[눈:싸람]	눈 사 람
물감	[물깜]	물 감
발바닥	[발빠닥]	발 바 닥
글자	[글짜]	글 자
보름달	[보름딸]	보 름 달
용돈	[용:똔]	용 돈

➕ 낱말

산길[산낄], 눈동재[눈똥자], 밤길[밤낄], 검게[검께],
등불[등뿔], 상장[상짱]

◉ 바른 낱말을 골라 ✔표를 하세요.

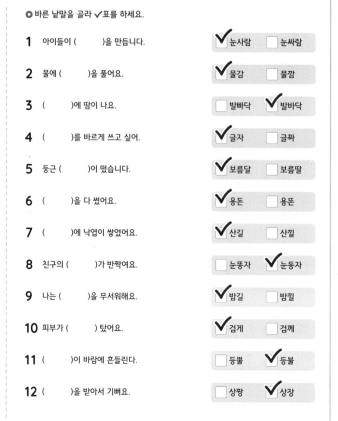

1 아이들이 (　　　)을 만듭니다. ✔눈사람 ☐눈싸람

2 물에 (　　　)을 풀어요. ✔물감 ☐물깜

3 (　　　)에 땀이 나요. ☐발빠닥 ✔발바닥

4 (　　　)를 바르게 쓰고 싶어. ✔글자 ☐글짜

5 둥근 (　　　)이 떴습니다. ✔보름달 ☐보름딸

6 (　　　)을 다 썼어요. ✔용돈 ☐용똔

7 (　　　)에 낙엽이 쌓였어요. ✔산길 ☐산낄

8 친구의 (　　　)가 반짝여요. ☐눈똥자 ✔눈동자

9 나는 (　　　)을 무서워해요. ✔밤길 ☐밤낄

10 피부가 (　　　) 탔어요. ✔검게 ☐검께

11 (　　　)이 바람에 흔들린다. ☐등뿔 ✔등불

12 (　　　)을 받아서 기뻐요. ☐상짱 ✔상장

64쪽
65쪽

◉ 바른 낱말을 골라 따라 쓰세요.

1 글자를 | 글짜를 또박또박 써요.

| 글 | 자 | 를 | ∨ | 또 | 박 | 또 | 박 | ∨ |
| 써 | 요 | . |

2 보름달을 | 보름딸을 보며 소원을 빌어요.

| 보 | 름 | 달 | 을 | ∨ | 보 | 며 | ∨ | 소 |
| 원 | 을 | ∨ | 빌 | 어 | 요 | . |

3 삼촌께서 용똔을 | 용돈을 주셨어요.

| 삼 | 촌 | 께 | 서 | ∨ | 용 | 돈 | 을 | ∨ |
| 주 | 셨 | 어 | 요 | . |

4 까만 눈동자가 | 눈똥자가 빛납니다.

| 까 | 만 | ∨ | 눈 | 동 | 자 | 가 | ∨ | 빛 |
| 납 | 니 | 다 | . |

◉ 그림을 보고, 바른 낱말을 골라 문장을 완성하세요.

1

눈사람이　눈싸람이　녹았어요.　햇볕에

예시
| 눈 | 사 | 람 | 이 | ∨ | 햇 | 볕 | 에 |
| 녹 | 았 | 어 | 요 | . |

2

검다.　검따.　온몸이　까마귀는

예시
| 까 | 마 | 귀 | 는 | ∨ | 온 | 몸 | 이 |
| 검 | 다 | . |

⭐ 'ㅋ, ㄲ' 받침은 [ㄱ]으로 소리 나고, 'ㅍ' 받침은 [ㅂ]으로 소리 나요.

낚시	[낙씨]	낚 시
꺾다 꺾고	[꺽꼬]	꺾 고
숲속	[숩쏙]	숲 속
짚신	[집씬]	짚 신
잎사귀	[입싸귀]	잎 사 귀

➕ 낱말

들녘도[들·력또], 섞고[석꼬], 닦짜[닥짜],
무릎도[무릅또], 엎고[업꼬], 옆구리[엽꾸리]

🔵 바른 낱말을 골라 ✔표를 하세요.

1 (　　) 기역은 모양이 비슷해요. 　☐ 키읔꽈　✔ 키읔과

2 주말에는 (　　)를 해요. 　✔ 낚시　☐ 낙씨

3 나뭇가지를 (　　) 있어요. 　☐ 꺽꼬　✔ 꺾고

4 (　　)에서 새들이 지저귑니다. 　☐ 숩쏙　✔ 숲속

5 (　　)은 볏짚으로 만들어요. 　☐ 집씬　✔ 짚신

6 커다란 (　　)가 땅에 떨어진다. 　☐ 입싸귀　✔ 잎사귀

7 산도 (　　) 푸르다. 　✔ 들녘도　☐ 들력또

8 재료들을 모두 (　　) 있어요. 　✔ 섞고　☐ 섞꼬

9 책상을 깨끗이 (　　). 　✔ 닦자　☐ 닥짜

10 나는 (　　) 다쳤어요. 　✔ 무릎도　☐ 무릅또

11 동생이 물을 (　　) 말았어요. 　✔ 엎고　☐ 업꼬

12 (　　)에 책을 끼고 걸었다. 　☐ 엽꾸리　✔ 옆구리

🔵 바른 낱말을 골라 따라 쓰세요.

1 옛날 사람들은 짚신을 | 집씬을 신었다.

| 옛 | 날 | ∨ | 사 | 람 | 들 | 은 | ∨ | 짚 |
| 신 | 을 | ∨ | 신 | 었 | 다 | . | | |

2 바람에 입싸귀가 | 잎사귀가 흔들려요.

| 바 | 람 | 에 | ∨ | 잎 | 사 | 귀 | 가 | ∨ |
| 흔 | 들 | 려 | 요 | . | | | | |

3 땀을 닦지 | 닥찌 않았어요.

| 땀 | 을 | ∨ | 닦 | 지 | ∨ | 않 | 았 | 어 |
| 요 | . | | | | | | | |

4 들력꽈 | 들녘과 숲이 아름다워요.

| 들 | 녘 | 과 | ∨ | 숲 | 이 | ∨ | 아 | 름 |
| 다 | 워 | 요 | . | | | | | |

🔵 그림을 보고, 바른 낱말을 골라 문장을 완성하세요.

1

[섞다.]　[섞따.]　[물을]　[밀가루에]

예시

| 밀 | 가 | 루 | 에 | | 물 | 을 | | 섞 |
| 다 | . | | | | | | | |

2

[숲속에]　[숩쏙에]　[살고 있어요.]　[동물들이]

예시

| 숲 | 속 | 에 | | 동 | 물 | 들 | 이 | |
| 살 | 고 | | 있 | 어 | 요 | . | | |

⭐ ㅅ, ㅆ, ㅈ, ㅊ, ㅌ' 받침은 [ㄷ]으로 소리 나요.

숫자 [수:짜] [숟:짜] — 숫 자

옷장 [옫짱] — 옷 장

맛있다
맛있게 [마딛께] [마싣께] — 맛 있 게

⭐ '맛있다'는 [마딛따]와 [마싣따] 두 가지로 발음할 수 있어요.

돛단배 [돋딴배] — 돛 단 배

참 잘했어요.
밑줄 [믿쭐] — 밑 줄

➕ 낱말

햇볕[해뼏/핻뼏], 돗자리[돋짜리], 샀더니[삳떠니],
젖소[젇쏘], 낯설다[낟썰다], 붙잡아요[붇짜바요]

◎ 바른 낱말을 골라 ✓표를 하세요.

1 다음 (　　)를 모두 더하시오.　□ 수짜　✓ 숫자

2 옷을 (　　) 안에 넣어요.　□ 옫짱　✓ 옷장

3 사과가 (　　) 생겼어요.　□ 마딛께　✓ 맛있게

4 아기가 (　　)을 쌔근쌔근 자요.　✓ 낮잠　□ 낟짬

5 바다에 (　　)가 떠 있어요.　✓ 돛단배　□ 돋딴배

6 필요한 부분에 (　　)을 그어요.　✓ 밑줄　□ 믿쭐

7 따사로운 (　　)이 좋아요.　✓ 햇볕　□ 해뼏

8 (　　)를 깔고 도시락을 먹어요.　✓ 돗자리　□ 돋짜리

9 맛있는 과자를 (　　).　✓ 샀다　□ 삳따

10 들판에서 (　　)들이 풀을 뜯어요.　□ 젇쏘　✓ 젖소

11 새로 이사한 집이 (　　).　□ 낟썰다　✓ 낯설다

12 버스에서는 손잡이를 꼭 (　　).　✓ 붙잡아요　□ 붇짭아요

◎ 바른 낱말을 골라 따라 쓰세요.

1 일부터 십까지 수짜를 | **숫자**를 세요.

| 일 | 부 | 터 | ∨ | 십 | 까 | 지 | ∨ | 숫 |
| 자 | 를 | ∨ | 세 | 요 | . | | | |

2 점심을 먹고 낟짬에 | **낮잠**에 빠졌어요.

| 점 | 심 | 을 | ∨ | 먹 | 고 | ∨ | 낮 | 잠 |
| 에 | ∨ | 빠 | 졌 | 어 | 요 | . | | |

3 믿쭐을 | **밑줄**을 치면서 책을 읽는다.

| 밑 | 줄 | 을 | ∨ | 치 | 면 | 서 | ∨ | 책 |
| 을 | ∨ | 읽 | 는 | 다 | . | | | |

4 **낯선** | 낟썬 동네에 도착했습니다.

| 낯 | 선 | ∨ | 동 | 네 | 에 | ∨ | 도 | 착 |
| 했 | 습 | 니 | 다 | . | | | | |

◎ 그림을 보고, 바른 낱말을 골라 문장을 완성하세요.

1

옷장에　옫짱에　넣었어요.　겉옷을

예시
| 옷 | 장 | 에 | | 겉 | 옷 | 을 | | 넣 |
| 었 | 어 | 요 | . | | | | | |

2

마싣께　맛있게　먹었습니다.　떡볶이를

예시
| 떡 | 볶 | 이 | 를 | | 맛 | 있 | 게 | |
| 먹 | 었 | 습 | 니 | 다 | . | | | |

⭐ '떡볶이'는 자주 틀리는 낱말 중 하나예요.
'떡보끼'나 '떡볶기'처럼 쓰지 않도록 주의해요.

◎ 바른 낱말을 골라 ✓표를 하세요.

1 ☐깍뚜기 ✓깍두기 가 맛있게 익었습니다.

2 나는 친구의 ✓답장 ☐답짱 을 기다리고 있어요.

3 ☐색쫑이 ✓색종이 를 도화지에 붙였어요.

4 누나와 함께 ☐눈싸람 ✓눈사람 을 만들었어요.

5 ☐물깜 ✓물감 이 바지에 묻었어요.

6 ✓용돈 ☐용똔 을 모아 장난감을 살래요.

7 주말에 아빠와 ☐낙씨 ✓낚시 를 갔어요.

8 제발 꽃을 ✓꺾지 ☐꺽찌 마세요.

9 오늘따라 떡볶이가 참 ☐마싣따. ✓맛있다.

10 나는 형의 손을 꼭 ✓붙잡았다. ☐붙잡아따.

◎ 밑줄 친 낱말을 바르게 고쳐 쓰세요.

11 우리는 같은 학꾜에 다녀요. 학 교

12 돋뽀기로 작은 글자를 보았다. 돋 보 기

13 발빠닥에 흙이 잔뜩 묻었어요. 발 바 닥

14 가족들과 보름딸을 바라보았어요. 보 름 달

15 맑았던 하늘이 검께 변했어요. 검 게

16 숩쏙 공기를 마시니 가슴이 시원해요. 숲 속

17 단풍나무 입싸귀가 빨갛게 물들었어요. 잎 사 귀

18 언니가 동생의 엽꾸리를 간질였어요. 옆 구 리

19 시끄러운 소리에 낟짬에서 깼다. 낮 잠

20 해뼡이 쨍쨍 내리쬐는 날이에요. 햇 볕

74쪽 75쪽

◎ 불러 주는 말을 잘 듣고 맞춤법에 맞게 받아쓰세요.

1 짚 신 을 신 었 다 .

2 돗 자 리 가 작 다 .

3 입 술 을 다 물 다 .

4 옷 장 을 정 리 해 요 .

5 바 다 에 뜬 돛 단 배

6 숟 가 락 을 주 세 요 .

7 밑 줄 을 그 으 세 요 .

8 상 장 을 받 았 습 니 다 .

9 새 교 실 이 낯 설 다 .

10 두 숫 자 를 더 해 요 .

76쪽 77쪽

✔ 어려운 글자나 틀린 글자를 연습해요.

✔ 어려운 글자나 틀린 글자를 연습해요.

17 ㅐ, ㅔ가 들어간 말

|ㅐ가 들어간 말|

✏ 쓰기

개미 | 개 미 | 개 미

노래 | 노 래 | 노 래

+ 낱말 달팽이 | 달 팽 이 | 달 팽 이

내일, 모래, 개, 동생, 생일, 아래, 지우개

|ㅔ가 들어간 말|

게 | 게 | 게

그네 | 그 네 | 그 네

쓰레기 | 쓰 레 기 | 쓰 레 기

+ 낱말

어제, 헤어지다, 모레, 세배, 세수, 자세, 나이테, 돌멩이

◎ 바른 낱말을 골라 ✓표를 하세요.

|ㅐ가 들어간 말|

1 ( )가 기어간다. ✓개미 □게미

2 나는 ( )를 잘 불러요. □노레 ✓노래

3 ( )가 풀잎에 붙어 있다. □달핑이 ✓달팽이

4 숙제를 ( )까지 해야 한다. □네일 ✓내일

5 ( )로 성을 만들자. ✓모래 □모레

★ '모래'와 비슷한 '모레'는 '내일의 다음 날'이라는 뜻이에요.

|ㅔ가 들어간 말|

6 ( )는 물에서 산다. ✓게 □개

7 언니가 ( )를 타요. □그내 ✓그네

8 길에 ( )를 버리지 말아요. ✓쓰레기 □쓰래기

9 오늘보다 ( )가 더 추웠다. □어재 ✓어제

10 친구와 ( ) 집에 돌아왔다. □해어져 ✓헤어져

◎ 바른 낱말을 골라 따라 쓰세요.

1 사탕에 개미가 | 게미가 붙었다.

| | 사 | 탕 | 에 | ∨ | 개 | 미 | 가 | ∨ | 붙 |
| 었 | 다 | . |

2 내일부터 노래를 | 노레를 연습하자!

| | 내 | 일 | 부 | 터 | ∨ | 노 | 래 | 를 | ∨ |
| 연 | 습 | 하 | 자 | ! |

3 개는 | 게는 다리가 열 개이다.

| | 게 | 는 | ∨ | 다 | 리 | 가 | ∨ | 열 | ∨ |
| 개 | 이 | 다 | . |

4 어제 친구랑 그네를 | 그내를 탔어요.

| | 어 | 제 | ∨ | 친 | 구 | 랑 | ∨ | 그 | 네 |
| 를 | ∨ | 탔 | 어 | 요 | . |

◎ 그림을 보고, 바른 낱말을 골라 문장을 완성하세요.

1

[달팽이는] [달팽이는] [좋아합니다.] [비를]

예시 | 달 | 팽 | 이 | 는 | | 비 | 를 | | 좋 |
| 아 | 합 | 니 | 다 | . |

2

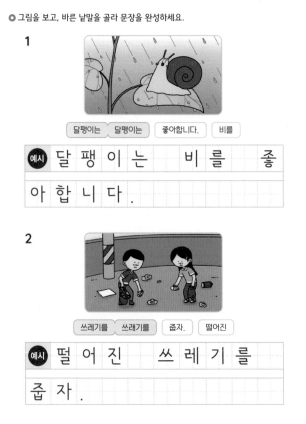

[쓰레기를] [쓰래기를] [줍자.] [떨어진]

예시 | 떨 | 어 | 진 | | 쓰 | 레 | 기 | 를 |
| 줍 | 자 | . |

18 ㅐ, ㅖ가 들어간 말

ㅐ가 들어간 말	✏️쓰기

개 왔니?

개 개 개

+낱말 **얘기** 얘 기 얀 기

쟤('저 아이'가 줄어든 낱말)

| ㅖ가 들어간 말 |

계단 계 단 계 단

★ '계단'은 [계단/게단] 두 가지로 발음할 수 있어요.

시계 시 계 시 계

★ '시계'는 [시계/시게] 두 가지로 발음할 수 있어요.

연예인 연 예 인 연 예 인

예쁘다 예 쁘 다 예 쁘 다
+낱말

계속, 계절, 지혜, 서예, 은혜, 예절, 외계인, 예민하다,
예상하다

◎ 바른 낱말을 골라 ✔표를 하세요.

| ㅐ가 들어간 말 |

1 ( )는 줄넘기를 잘해. ✔개 ☐계

2 우리 ( ) 좀 하자. ☐예기 ✔얘기

3 나는 잘 모르니 ( )한테 물어봐. ✔쟤 ☐제

> ★ '걔'는 '그 아이'가 줄어든 낱말이고, '얘기'는
> '이야기'가 줄어든 낱말이에요.

| ㅖ가 들어간 말 |

4 ( )을 오르니 힘들다. ☐게단 ✔계단

5 지루해서 ( )만 보았다. ✔시계 ☐시게

6 내 꿈은 ( )이다. ☐연애인 ✔연예인

7 웃는 얼굴이 ( ). ☐얘쁘다 ✔예쁘다

8 어제부터 ( ) 눈이 와요. ✔계속 ☐개속

9 ( )이 바뀌어 여름이 되었다. ✔계절 ☐개절

10 임금님은 ( )를 가진 사람이었다. ☐지혜 ✔지혜

◎ 바른 낱말을 골라 따라 쓰세요.

1 네가 본 아이가 걔니? | 걔니?

네 가 ∨ 본 ∨ 아 이 가 ∨
걔 니 ?

2 재미있는 예기를 | 얘기를 들었어요.

재 미 있 는 ∨ 얘 기 를 ∨
들 었 어 요 .

3 시걔가 | 시계가 한 시를 가리킨다.

시 계 가 ∨ 한 ∨ 시 를 ∨
가 리 킨 다 .

4 연애인이 | 연예인이 되고 싶어요.

연 예 인 이 ∨ 되 고 ∨ 싶
어 요 .

◎ 그림을 보고, 바른 낱말을 골라 문장을 완성하세요.

1

계절이다. | 계절이다. | 가을은 | 독서의

예시 가 을 은 ∨ 독 서 의 ∨ 계
절 이 다 .

2

예쁩니다. | 얘쁩니다. | 눈이 | 동생은

예시 동 생 은 ∨ 눈 이 ∨ 예 쁩
니 다 .

19 ㅘ, ㅝ가 들어간 말

| ㅘ가 들어간 말 | ✍ 쓰기

과자 | 과 자 | 과 자

장화 | 장 화 | 장 화

＋낱말 소방관 | 소 방 관 | 소 방 관

왕자, 사과, 동화, 관광지, 황소, 환자, 소화기, 완두콩

| ㅝ가 들어간 말 |

권투 | 권 투 | 권 투

병원 | 병 원 | 병 원

원숭이 | 원 숭 이 | 원 숭 이

＋낱말

고마워, 월요일, 궁궐, 소원, 태권도, 동물원, 더워요

◎ 바른 낱말을 골라 ✓표를 하세요.

| ㅘ가 들어간 말 |

1 ( ) 먹는 소리가 들려요. ✓과자 ☐가자

2 비가 와서 ( )를 신었다. ☐장하 ✓장화

3 불이 나면 ( )이 출동한다. ☐소방간 ✓소방관

4 ( )는 마법에 걸렸습니다. ✓왕자 ☐앙자

5 ( )는 맛있는 과일이에요. ✓사과 ☐사가

> ★ '-예요'는 '-이에요'가 줄어든 말이에요. 앞말에 받침이 있으면 '-이에요'를, 받침이 없으면 '-예요'를 써요.

| ㅝ가 들어간 말 |

6 삼촌은 ( ) 선수예요. ☐건투 ✓권투

7 친구랑 ( )놀이를 했다. ✓병원 ☐병언

8 ( )가 바나나를 먹는다. ☐언숭이 ✓원숭이

9 생일 축하해 줘서 ( ). ☐고마와 ✓고마워

10 ( )부터 방학입니다. ✓월요일 ☐얼요일

> ★ '월요일'은 [워료일]로 발음해요.

◎ 바른 낱말을 골라 따라 쓰세요.

1 장하에 | 장화에 물이 들어갔어요.

| 장 화 에 | ∨ | 물 이 | ∨ | 들 어 |
| 갔 어 요 . |

2 소방간들이 | 소방관들이 불을 껐습니다.

| 소 방 관 들 이 | ∨ | 불 을 | ∨ |
| 껐 습 니 다 . |

3 친구랑 권투를 | 건투를 하다 다쳤다.

| 친 구 랑 | ∨ | 권 투 를 | ∨ | 하 |
| 다 | ∨ | 다 쳤 다 . |

4 병원 | 병언 가기가 무서워요.

| 병 원 | ∨ | 가 기 가 | ∨ | 무 서 |
| 워 요 . |

> ★ '병원' 외에도 '공원, 동물원, 미장원, 과수원' 등 '원'이 들어가는 낱말들을 더 알아봐요.

◎ 그림을 보고, 바른 낱말을 골라 문장을 완성하세요.

1

가자를 | 과자를 | 사 주셨다. | 할아버지께서

예시 | 할 아 버 지 께 서 | 과 자 | 를 | 사 | 주 셨 다 . |

2

고마워. | 고마와. | 청소를 | 도와줘서

예시 | 청 소 를 | 도 와 줘 서 | 고 마 워 . |

◎ 바른 낱말을 골라 ✓표를 하세요.

1 ☐ 게미 ✓ 개미 는 작은 곤충입니다.

2 ☐ 모레 ✓ 모래 속에 보물을 숨기자.

3 ✓ 게 ☐ 개 껍데기는 딱딱하다.

4 ☐ 쓰래기 ✓ 쓰레기 를 길에 버리면 안 돼요.

5 형이 웃긴 ☐ 애기 ✓ 얘기 를 했어.

6 이 ✓ 시계 ☐ 시걔 는 5분이나 느리다.

7 ✓ 지혜 ☐ 지헤 를 모아 문제를 풀었다.

8 아빠는 ☐ 소방간 ✓ 소방관 이시다.

9 감기가 들어 ✓ 병원 ☐ 병언 에 갔다.

10 초대해 줘서 ☐ 고마와. ✓ 고마워.

◎ 밑줄 친 낱말을 바르게 고쳐 쓰세요.

11 달펭이 한 마리가 기어간다. | 달 팽 이

12 놀이터에 그내가 있어요. | 그 네

13 어재 친구와 다투었다. | 어 제

14 게도 놀이터에 있니? | 개

15 걔단을 조심히 내려가라. | 계 단

16 반지가 정말 얘쁘다. | 예 쁘 다

17 엄마는 과일 중에서 사가를 좋아해요. | 사 과

18 양자는 공주에게 반했다. | 왕 자

19 내일 오후에 건투 시합이 있다. | 권 투

20 언숭이도 나무에서 떨어진다. | 원 숭 이

★ "원숭이도 나무에서 떨어진다."는 아무리 잘하는 사람도 가끔 실수를 할 때가 있다는 속담입니다.

92쪽 93쪽

◎ 불러 주는 말을 잘 듣고 맞춤법에 맞게 받아쓰세요.

1 노 래 를 불 렀 어 요 .

2 우 리 조 상 의 지 혜

3 얼 음 이 어 는 계 절

4 장 화 신 은 고 양 이

5 연 예 인 을 만 났 어 요 .

6 내 일 낚 시 를 하 자 .

7 어 제 공 원 에 갔 다 .

8 재 미 있 는 얘 기 구 나 .

9 과 자 가 맛 있 습 니 다 .

10 월 요 일 은 바 쁩 니 다 .

✎ 어려운 글자나 틀린 글자를 연습해요.

✎ 어려운 글자나 틀린 글자를 연습해요.

94쪽 95쪽

실력 확인

1회

96쪽 / 97쪽

1-3 빈칸에 들어갈 바른 낱말을 골라 선으로 이으세요.

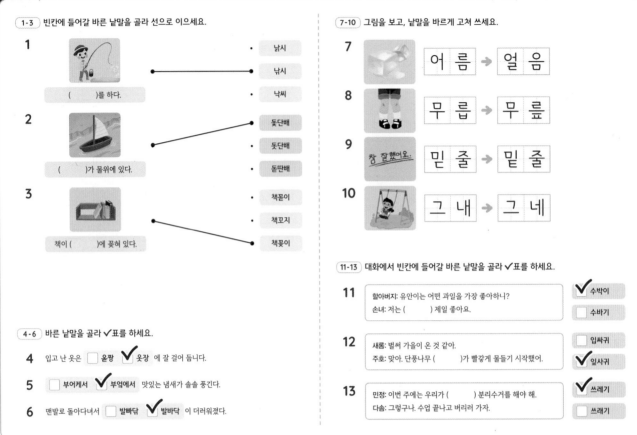

1 ( )를 하다.
- 낚시
- 낚시
- 낙씨

2 ( )가 물위에 있다.
- 돛단배
- 돗단배
- 돌딴배

3 책이 ( )에 꽂혀 있다.
- 책꼳이
- 책꼬지
- 책꽂이

4-6 바른 낱말을 골라 ✔표를 하세요.

4 입고 난 옷은 ☐ 올짱 ✔ 옷장 에 잘 걸어 둡니다.

5 ☐ 부어케서 ✔ 부엌에서 맛있는 냄새가 솔솔 풍긴다.

6 맨발로 돌아다녀서 ☐ 발빠닥 ✔ 발바닥 이 더러워졌다.

7-10 그림을 보고, 낱말을 바르게 고쳐 쓰세요.

7 어 름 ➡ 얼 음

8 무 릅 ➡ 무 릎

9 믿 줄 ➡ 밑 줄

10 그 내 ➡ 그 네

11-13 대화에서 빈칸에 들어갈 바른 낱말을 골라 ✔표를 하세요.

11 할아버지: 유안이는 어떤 과일을 가장 좋아하니?
손녀: 저는 ( ) 제일 좋아요.
- ✔ 수박이
- ☐ 수바기

12 새롬: 벌써 가을이 온 것 같아.
주호: 맞아. 단풍나무 ( )가 빨갛게 물들기 시작했어.
- ☐ 입싸귀
- ✔ 잎사귀

13 민정: 이번 주에는 우리가 ( ) 분리수거를 해야 해.
다솜: 그렇구나. 수업 끝나고 버리러 가자.
- ✔ 쓰레기
- ☐ 쓰래기

98쪽 / 99쪽

14-16 [보기]에서 바른 낱말을 골라 빈칸에 쓰세요.

[보기] 보름딸 | 보름달   이뷘 | 입원   돋보기 | 돋뽀기

14 씨앗을 | 돋 보 기 |로 관찰하다.

15 다리를 다쳐서 병원에 | 입 원 |을 했다.

16 밤하늘에 | 보 름 달 |이 환하게 떠 있다.

17-19 밑줄 친 낱말을 바르게 고쳐 쓰세요.

17 우리 가조근 세 명이다. ➡ | 가 족 은 |

18 풀잎 위에 달팽이가 있다. ➡ | 달 팽 이 |

19 상자의 리본을 예쁘게 무꺼요. ➡ | 묶 어 요 |

20 다음 중 바르게 쓴 문장은 어느 것인가요? [✏ ②]

① 점심에 보끔밥을 먹었다.
② 할머니께서 용돈을 주셨다.
③ 지민이는 노레를 잘 부른다.

21-22 그림을 보고, 바른 문장을 골라 ✔표를 하세요.

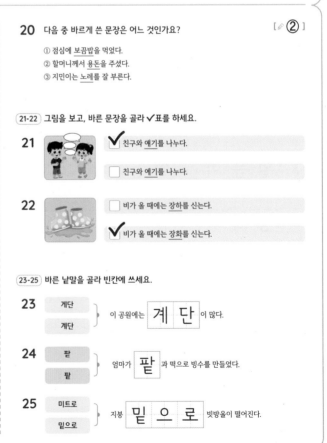

21
- ✔ 친구와 애기를 나누다.
- ☐ 친구와 예기를 나누다.

22
- ☐ 비가 올 때에는 장하를 신는다.
- ✔ 비가 올 때에는 장화를 신는다.

23-25 바른 낱말을 골라 빈칸에 쓰세요.

23 계단 / 게단 } 이 공원에는 | 계 단 |이 많다.

24 팥 / 팓 } 엄마가 | 팥 |과 떡으로 빙수를 만들었다.

25 미트로 / 밑으로 } 지붕 | 밑 으 로 | 빗방울이 떨어진다.

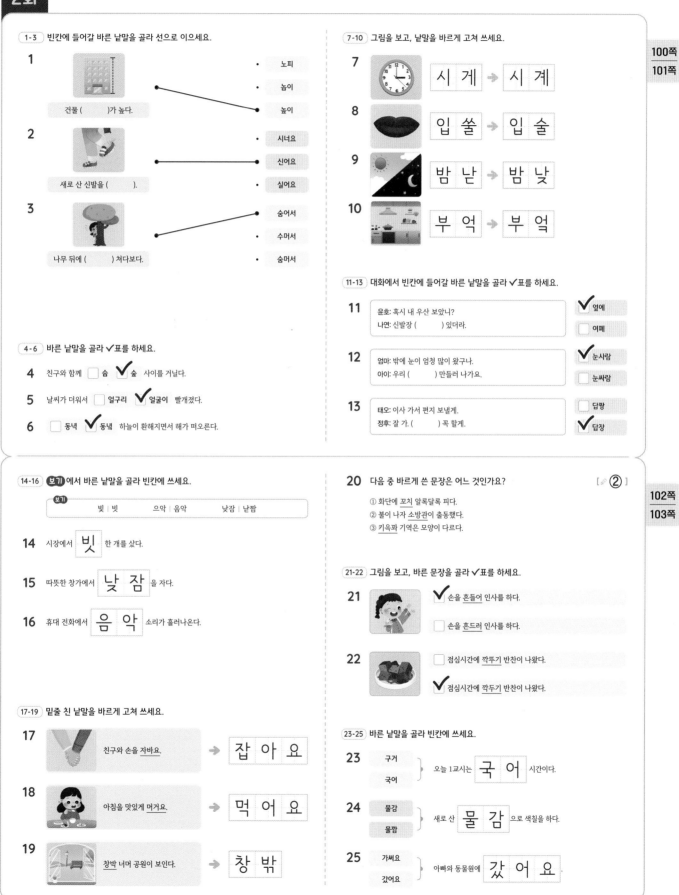

1-3 빈칸에 들어갈 바른 낱말을 골라 선으로 이으세요.

1 건물 (　　)가 높다.
• 노피
• 높이
• 높이

2 새로 산 신발을 (　　).
• 시너요
• 신어요
• 실어요

3 나무 뒤에 (　　) 쳐다보다.
• 숨어서
• 수머서
• 숨머서

4-6 바른 낱말을 골라 ✓표를 하세요.

4 친구와 함께 ☐ 숨 ✓ 숲 사이를 거닐다.

5 날씨가 더워서 ☐ 얼구리 ✓ 얼굴이 빨개졌다.

6 ☐ 동녁 ✓ 동녘 하늘이 환해지면서 해가 떠오른다.

7-10 그림을 보고, 낱말을 바르게 고쳐 쓰세요.

7 시 게 ➡ 시 계

8 입 쑬 ➡ 입 술

9 밤 난 ➡ 밤 낮

10 부 억 ➡ 부 억

11-13 대화에서 빈칸에 들어갈 바른 낱말을 골라 ✓표를 하세요.

11 윤호: 혹시 내 우산 보았니?
나연: 신발장 (　　) 있더라.
✓ 옆에
☐ 여페

12 엄마: 밖에 눈이 엄청 많이 왔구나.
아이: 우리 (　　) 만들러 나가요.
✓ 눈사람
☐ 눈싸람

13 태오: 이사 가서 편지 보낼게.
정후: 잘 가. (　　) 꼭 할게.
☐ 답짱
✓ 답장

100쪽 101쪽

14-16 보기 에서 바른 낱말을 골라 빈칸에 쓰세요.

보기
빛 | 빗　　으악 | 음악　　낮잠 | 낟짬

14 시장에서 빗 한 개를 샀다.

15 따뜻한 창가에서 낮 잠 을 자다.

16 휴대 전화에서 음 악 소리가 흘러나온다.

17-19 밑줄 친 낱말을 바르게 고쳐 쓰세요.

17 친구와 손을 자바요. ➡ 잡 아 요

18 아침을 맛있게 머거요. ➡ 먹 어 요

19 창박 너머 공원이 보인다. ➡ 창 밖

20 다음 중 바르게 쓴 문장은 어느 것인가요? [✏ ②]

① 화단에 꼬치 알록달록 피다.
② 불이 나자 소방관이 출동했다.
③ 키읔과 기역은 모양이 다르다.

21-22 그림을 보고, 바른 문장을 골라 ✓표를 하세요.

21 ✓ 손을 흔들어 인사를 하다.
☐ 손을 흔드러 인사를 하다.

22 ☐ 점심시간에 깍뚜기 반찬이 나왔다.
✓ 점심시간에 깍두기 반찬이 나왔다.

23-25 바른 낱말을 골라 빈칸에 쓰세요.

23 구거 / 국어 } 오늘 1교시는 국 어 시간이다.

24 물감 / 물깜 } 새로 산 물 감 으로 색칠을 하다.

25 가써요 / 갔어요 } 아빠와 동물원에 갔 어 요

102쪽 103쪽

memo

빠른 정답을 펼쳐 놓고,
정답을 확인하면 편리합니다.

완자
공부력
빠른 정답

맞춤법 바로 쓰기 1A

정답
QR 코드

빠른 정답을 펼쳐 놓고,
정답을 확인하면 편리합니다.

01	11쪽	1 국어 2 수박이 3 먹어요 4 녹아요 5 목이 6 어린이 7 눈이 8 신어요 9 안아요 10 문어
	12쪽	1 수박을 2 먹으니 3 어린이는 4 안아요.
02	15쪽	1 믿음 2 맏아들 3 받아서 4 돋아요 5 닫아요 6 얼음이 7 얼굴을 8 흔들어 9 들어가요 10 할아버지
	16쪽	1 맏아들 2 닫으세요. 3 얼굴이 4 흔들어요.
03	19쪽	1 음악 2 봄에 3 숨어서 4 더듬이 5 그림을 6 입원 7 손톱을 8 잡으려고 9 씹어요 10 입으니
	20쪽	1 봄이 2 숨었어요. 3 잡아요. 4 입을까?
04	23쪽	1 웃음 2 옷을 3 씻어요 4 책꽂이 5 낮에 6 찾아요 7 꽃이 8 쫓아요 9 빛이
	24쪽	1 웃으며 2 찾아 3 꽃을 4 빛이
05	27쪽	1 부엌이 2 들녘을 3 새벽녘에 4 밑에 5 같아요 6 밭에 7 높이 8 옆에 9 깊으니
	28쪽	1 부엌에서 2 밑에 3 같은 4 옆으로
06	31쪽	1 볶음밥 2 밖으로 3 묶으니 4 연필깎이 5 닦아요 6 샀어요 7 갔어요 8 하겠어 9 썼어요 10 있어요
	32쪽	1 밖에 2 깎아요. 3 갔을까? 4 있어요.
07	34-35쪽	1 수박을 2 어린이 3 얼굴을 4 숨어요. 5 입어요. 6 옷에 7 쫓아요. 8 높이 9 밖이 10 있어요? 11 먹으니 12 신어 13 받으니 14 흔들어요 15 낮에는 16 들녘에 17 밑에 18 같아요 19 옆을 20 볶아요
08	41쪽	1 가족 2 한복 3 동녘 4 부엌 5 안팎 6 창밖 7 방학 8 키읔 9 들녘 10 남녘 11 밖 12 꺾다
	42쪽	1 부엌 2 안팎 3 꺾기 4 들녘
09	45쪽	1 빗 2 다섯 3 밤낮 4 윷 5 팥 6 풀밭 7 엿 8 연못 9 맞추다 10 젖 11 장미꽃 12 끝
	46쪽	1 다섯 2 밤낮 3 윷 4 단팥빵
10	49쪽	1 아홉 2 무릎 3 숲 4 잎 5 짚 6 헝겊 7 장갑 8 옆 9 앞 10 피읖 11 늪 12 깊다
	50쪽	1 무릎 2 잎들이 3 헝겊 4 앞
11	52-53쪽	1 부엌 2 창밖 3 남녘 4 빗 5 맞춰요. 6 꽃 7 헝겊 8 옆 9 장갑 10 깊고 11 동녘 12 안팎 13 다섯 14 윷 15 단팥 16 엿 17 젖 18 무릎 19 늪 20 피읖
12	59쪽	1 학교 2 깍두기 3 돋보기 4 숟가락 5 답장 6 입술 7 독수리 8 색종이 9 찍다 10 싣고 11 접시 12 좁고
	60쪽	1 학교로 2 돋보기 3 답장 4 좁다.
13	63쪽	1 눈사람 2 물감 3 발바닥 4 글자 5 보름달 6 용돈 7 산길 8 눈동자 9 밤길 10 검게 11 등불 12 상장
	64쪽	1 글자를 2 보름달을 3 용돈을 4 눈동자가
14	67쪽	1 키읔과 2 낚시 3 꺾고 4 숲속 5 짚신 6 잎사귀 7 들녘도 8 섞고 9 닦자 10 무릎도 11 엎고 12 옆구리
	68쪽	1 짚신을 2 잎사귀가 3 닦지 4 들녘과
15	71쪽	1 숫자 2 옷장 3 맛있게 4 낮잠 5 돛단배 6 밑줄 7 햇볕 8 돗자리 9 샀다 10 젖소 11 낯설다 12 붙잡아요
	72쪽	1 숫자를 2 낮잠에 3 밑줄을 4 낯선
16	74-75쪽	1 깍두기 2 답장 3 색종이 4 눈사람 5 물감 6 용돈 7 낚시 8 꺾지 9 맛있다. 10 붙잡았다. 11 학교 12 돋보기 13 발바닥 14 보름달 15 검게 16 숲속 17 잎사귀 18 옆구리 19 낮잠 20 햇볕
17	81쪽	1 개미 2 노래 3 달팽이 4 내일 5 모래 6 게 7 그네 8 쓰레기 9 어제 10 헤어져
	82쪽	1 개미가 2 노래를 3 게는 4 그네를
18	85쪽	1 개 2 얘기 3 쟤 4 계단 5 시계 6 연예인 7 예쁘다 8 계속 9 계절 10 지혜
	86쪽	1 개니? 2 얘기를 3 시계가 4 연예인이
19	89쪽	1 과자 2 장화 3 소방관 4 왕자 5 사과 6 권투 7 병원 8 원숭이 9 고마워 10 월요일
	90쪽	1 장화에 2 소방관들이 3 권투를 4 병원
20	92-93쪽	1 개미 2 모래 3 게 4 쓰레기 5 얘기 6 시계 7 지혜 8 소방관 9 병원 10 고마워. 11 달팽이 12 그네 13 어제 14 개 15 계단 16 예쁘다 17 사과 18 왕자 19 권투 20 원숭이
실력 확인 1회 96-99쪽		1 낚시 2 돛단배 3 책꽂이 4 옷장 5 부엌에서 6 발바닥 7 얼음 8 무릎 9 밑줄 10 그네 11 수박이 12 잎사귀 13 쓰레기 14 돋보기 15 입원 16 보름달 17 가족은 18 달팽이 19 묶어요 20 ② 21 친구와 얘기를 나누다. 22 비가 올 때에는 장화를 신는다. 23 계단 24 팥 25 밑으로
실력 확인 2회 100-103쪽		1 높이 2 신어요 3 숨어서 4 숲 5 얼굴이 6 동녘 7 시계 8 입술 9 밤낮 10 부엌 11 옆에 12 눈사람 13 답장 14 빗 15 낮잠 16 음악 17 잡아요 18 먹어요 19 창밖 20 ② 21 손을 흔들어 인사를 하다. 22 점심시간에 깍두기 반찬이 나왔다. 23 국어 24 물감 25 갔어요